La Torche Eblouissante

Ou

Torche Numéro 7

Rév. Renaut Pierre-Louis

Pour toutes informations regardant nos ouvrages et vos brochures évangéliques, adressez-vous à:

Peniel Southside Baptist Church
P.O. Box 100323
Fort Lauderdale, Fl 33310
Phone: 954-242-8271
954-525-2413
Fax: 954-623-7511
Website: www.penielbaptist.org
Website: www.theburningtorch.net
E-mail: renaut@theburningtorch.net
E-mail: renaut_cyrille@hotmail.com

Copyright © 2015 by Renaut Pierre-Louis
Tous droits réservés @ Rév. Renaut Pierre-Louis

Attention : Il est illégal de reproduire ce livre en tout ou en partie sous quelque forme ou par quelque procédé que ce soit, électronique mécanique, photographique, sonore, magnétique ou autre, sans avoir obtenu, au préalable, l'autorisation écrite de l'auteur.

Les ouvrages dans les trois langues française, anglaise et créole, sont aussi disponibles chez :

Morija Book Store:
1387 Flatbush Ave Brooklyn, N.Y. 11210
Phone: 718-282-9997

Michel Joseph:
192-21 118 Rd St Albans, N.Y. 11412
Phone: 917-853-6481 718-949-0015

Rév. Julio Brutus:
P.O. Box. 7612 Winter Haven, FL 33883
Phone: 863-299-3314 ; 863-401-8449

Rev. Edouard Georcinvil
725 NE 179th Terr N. Miami Bch, FL 33162
Phone: 305-493-2125

Rév. Evans Jules:
Eglise Baptiste Bethel
5780 W. Atlantic Ave Delray Beach Fl 33444
561-452-8273 561-266-5957

Iliana Dieujuste
2432 Indian Bluff Dr Dracula, GA 30019
Phone: 954-773-6572

Série 1

CONDUIT PAR L'ESPRIT

Avant-goût

Et moi je prierai le Père et il vous donnera un autre consolateur, afin qu'il demeure éternellement avec vous, l'Esprit de vérité que le monde ne peut recevoir, parce qu'il ne le voit point et ne le connait point; mais vous, vous le connaissez, car il demeure avec vous et il sera en vous. Quand le consolateur sera venu, l'Esprit de vérité, il vous conduira dans toute la vérité; car il ne parlera pas de lui-même, mais il dira tout ce qu'il aura entendu, et il vous annoncera les choses à venir. Jn.14:16-17; 16:13

Le Saint Esprit était déjà connu dans l'Ancien Testament à travers ses opérations dans la fondation du monde et dans le gouvernement de la planète. Ge.1:2. Mais après le péché d'Adam et ses conséquences dévastatrices, Dieu a décidé de ne plus avoir son esprit à toujours dans l'homme. Ge.6:2 Dès lors, il se sert des intermédiaires pour lui parler. De là les termes «La parole de Dieu me fut adressée en ces mots», «Ainsi parle l'Eternel», «L'Esprit de Dieu me transporta...» Cependant Dieu avait prévu un temps où il mettra son Esprit sur toute chair. Joël. 2:28. Jésus en a donné la confirmation quand il souffla sur les disciples le Saint Esprit, un évènement sans précédent depuis la chute de nos premiers parents. Jn.20:22 A partir de ce moment, les chrétiens du monde entier, animés de l'Esprit Saint, vont à la recherche des perdus.

Il incombe donc à tous les croyants d'aller et d'évangéliser. C'est d'ailleurs un privilège car ils sont détenteurs d'une puissance exceptionnelle pour libérer les âmes des griffes de Satan; c'est aussi un devoir, ou même une obligation puisque le monde ne connait pas le Saint Esprit au point qu'il n'a pas en lui de place pour le recevoir. C'est à nous donc qu'il appartient de le lui introduire par le message de repentance. «Conduit par l'Esprit...» Quelle grâce! Nous vous exhortons déjà à ne pas recevoir la grâce de Dieu en vain. 2Cor.6:1

Renaut Pierre Louis

Leçon 1
L'Esprit Saint dans ses opérations souveraines

Textes pour le moniteur: Ge.1:2; 11:1-9; Ps.33:6; Es.6:2; 40:26; Da.10:13; Ez.1:6; Ac.2:1-11; 1Co.2:10; He.1:14
Texte pour la classe: 1Co.2:9-12
Texte d'or: L'Esprit sonde tout, même les profondeurs de Dieu. 1Co.2:10
Méthodes: Discours, comparaisons, questions
But: Présenter le Saint Esprit comme le Dieu souverain.

Introduction
Si nous limitons nos lectures à l'Ancien Testament, nous verrons l'action directe de deux personnes de la Sainte Trinité: l'Eternel Dieu et Jésus. Quant au Saint-Esprit, il agit. Il parle très peu ou pas du tout. Quel est donc son rôle?

I. Le Saint Esprit dans la création
   1. Il est Dieu. En sa qualité de génie, Il créa toutes choses par le souffle de sa bouche. Ge.1:2; 11:1-9; Ps.33:6
   2. Il supervise les planètes et assure l'équilibre dans les éléments de l'univers. Ge.1:2
      a. Il fait marcher en ordre les constellations[1] appelées encore l'armée des cieux. Es.40:26

---

[1] Constellation nf. Groupe d'étoiles voisines sur la sphère céleste

b. Il arrange d'une façon symétrique la structure des êtres vivants.
c. Il assigne leur rôle aux êtres célestes, aux êtres incorporels, savoir:
   i. Les anges, des esprits au service de Dieu pour remplir un ministère en faveur de ceux qui doivent hériter du salut. Hé.1:14
   ii. Les archanges ou chefs des anges investis de missions spéciales. En guise d'exemple, l'archange Michael était dépêché pour seconder un ange dans sa lutte contre le roi de Perse. Da. 10:13
   iii. Les séraphins aux six ailes. Ce sont les membres de la chorale céleste affectés à louer Dieu en permanence. Es.6:2
   iv. Les chérubins aux quatre ailes. Ce sont des anges protecteurs, les ministres de la défense. Ge.3:24; Ez.1:6

3. Il repartit, selon son bon plaisir, les richesses du sol et du sous-sol.
   a. Depuis des billions d'années certaines zones désertiques produisent des combustibles fossiles[2]. Elles restent arides. D'autres produisent des plantes textiles pour la fabrication de nos tissus.
   b. D'autres zones sont propres à la végétation et à la culture des vivres alimentaires.

---

[2] Combustibles fossiles: le charbon, le pétrole, le gaz naturel

c. Telle zone abonde en pierres précieuses et reste inculte tandis qu'une autre produit des arbres de haute futaie[3] propres au reboisement et à la production des bois de construction. Ces arbres alimentent aussi la couche d'ozone[4] en vue de l'aération de la planète.

d. Même dans le fonctionnement du cerveau, tel peuple est mieux doué qu'un autre dans une science donnée. Ce n'est pas pour rien que l'Esprit sonde tout, même les profondeurs de Dieu. 1Co.2:10
On ne finira pas avec les citations pour démontrer que le Saint Esprit est Dieu. Il l'affirme d'ailleurs dans le déploiement de son génie pour établir la création et en donne l'évidence dans son gouvernement moral sur les choses qu'il a créées.

---

[3] Futaie nf. Forêt provenant de semis ou de plantations, pour la production d'arbres de grande dimension au fût élevé et droit.

[4] Couche d'Ozone Quantité importante de corps simple gazeux contenu dans la stratosphère qui protège la vie de l'homme sur la Terre

Conclusion

L'Esprit est bien la manifestation du Dieu connaissable seulement par son influence. Etes-vous conduit par l'Esprit?

Questions

1. Cochez la bonne réponse:
   a. Le Saint Esprit est _ une influence _ un Saint _ Dieu
   b. Le Saint-Esprit est en contrôle _ sur la terre _ dans le ciel _ partout
2. Cochez la bonne réponse:
   a. Les anges sont des esprits au _ service des hommes _ au service des rois _ au service de Dieu.
   b. Le Saint Esprit a dépêché l'archange Michael auprès de Saddam Hussein _ Darius _ roi de Perse
3. Vrai ou faux:
   a. Les chérubins ont quatre ailes _ V _ F
   b. Les séraphins ont 16 ailes _ V _ F
   c. Les anges ont 2 ailes _ V _ F
   d. L'huile est sous la terre depuis plus de 6,000 ans _ V _ F
   e. L'Esprit sonde tout, même les profondeurs de Dieu. _ V _ F

Leçon 2 Le Saint-Esprit à l'œuvre dans la Grande commission

Textes pour le moniteur: Ge.11:1-11; Mt.11:28; Jn.16:7-8; Ac.2:1-11; 1Co.14:22; Hé.4:13
Texte pour la classe: Ac.1:1-8
Texte d'or: Mais vous recevrez une puissance, le Saint Esprit survenant sur vous et vous serez mes témoins, à Jérusalem, dans toute la Judée, dans la Samarie et jusqu'aux extrémités de la terre. **Ac.1:8**
Méthodes: Discours, comparaisons, questions
But: Montrer l'intervention du Saint Esprit dans la Grande Commission.

Introduction
Il est à remarquer que dans l'Ancien Testament, le rôle de Dieu le Père était plus prononcé. Dans le Nouveau Testament, c'est plutôt celui du Fils. Cependant, dans l'établissement de l'Eglise, nous voyons le Saint Esprit à l'œuvre avec intensité. Suivons-le donc dans ses différentes opérations.

I. Le Saint Esprit dans la communication orale.
   1. Il établit la relation entre Dieu et l'homme en sorte que tous, nous avons un point de contact avec ce Dieu au regard duquel nul ne peut échapper. Hé.4:13
   2. Il avait accordé l'usage d'une seule langue à tous les hommes. Cependant il les jetait dans la confusion

quand ils recherchaient leur indépendance de Dieu à la construction de la Tour de Babel. Le «parler en langue» ici était un jugement de Dieu. Ge.11:1-11
3. Mais le Saint Esprit dissipa[5] cette confusion au jour de la Pentecôte pour que l'Evangile fût prêché aussi aux nations païennes. Mat. 28:20; Ac.2:1-11
4. Cependant, en vue de la propagation de l'Evangile, Il fit parler aux premiers apôtres diverses langues déjà en usage parmi les autres peuples. Ac.2:4,8-11

II. Le Saint-Esprit dans ses manifestations directes sur les âmes.
1. Il remplit le chrétien de sa puissance. Ac.2:3
2. Le « parler en langue » était une nécessité historique pour débuter la Grande Commission. Les apôtres s'adressaient aux pèlerins en séjour à Jérusalem, dans leur langue maternelle. Ac.2:5,8
3. De retour chez eux, ces gens propagent partout la Bonne Nouvelle. Et voilà qu'en une semaine, l'Evangile a gagné les extrémités de la terre sans aucun frais de déplacement imposés aux apôtres. Ils n'avaient qu'à faire un geste et laisser au Saint–Esprit le soin de faire le reste.
4. La langue parlée et comprise du chrétien est l'un des moyens pour prêcher l'Évangile aux païens dans leur propre langue. 1Co.14:22 C'est le Saint Esprit et non

---

[5] Dissiper v.t Faire disparaître; faire cesser

le «parler en langue» qui produit la repentance chez le non croyant. Jn.16:7-8

Conclusion

Ouvre ta bouche seulement et le Saint Esprit la remplira de paroles de feu pour tourner les cœurs vers Dieu. Ps.81:11

Questions

1. Trouvez l'endroit où a commencé la diversité des langues? __ à Jérusalem __ aux Nations Unies __ à la Tour de Babel
2. Trouvez la vraie raison du «parler en langue»
   a. Pour se distinguer
   b. Pour prêcher l'Évangile aux païens dans leur propre langue.
   c. Pour prêcher aux chrétiens dans l'Eglise
   d. Pour opérer des miracles au nom de Jésus.
3. Trouvez la vraie réponse:
   Les Actes des apôtres sont :
   a. Les actes de Pierre et de Paul.
   b. Les actes du Saint-Esprit par les apôtres
   c. Les actes des chrétiens
4. Vrai ou faux:
   a. Si on ne parle pas en langue on n'a pas le Saint-Esprit. __ V __ F
   b. Au départ, les apôtres étaient allés par tout le monde prêcher l'Evangile. __ V __ F
   c. Le Saint-Esprit conduit des pèlerins de partout à Jérusalem pour recevoir l'Evangile. __ V __ F

Leçon 3 Le Saint Esprit dans la vie du Chrétien

Textes pour le moniteur : Ps.66:18; Jn.16:13; Act.1:8; 2:16-39; 19:2; Gal. 3:3-14; Ep.5:18
Texte pour la classe : Ro.8:5-15
Texte d'or : Si vous vivez selon la chair, vous mourrez; mais si par l'Esprit vous faites mourir les actions du corps, vous vivrez. Ro.8:13
But : Montrer les conditions du chrétien conduit par l'Esprit.

I. Le don du Saint Esprit, l'héritage de tous les Chrétiens.

1. Le prophète Joël l'a annoncé: «Dans les derniers jours, dit Dieu, je répandrai de mon Esprit sur toute chair...oui, **sur mes serviteurs et mes servantes**...et ils prophétiseront. Ac.2:17-18
2. Pierre l'a confirmé: «Repentez-vous et que chacun de vous soit baptisé au nom de Jésus-Christ, pour le pardon de vos péchés et vous recevrez le don du Saint Esprit» Ac.2:38.
3. Il est manifeste depuis le jour de la Pentecôte. Ac.2: 1-4

II. Le don du Saint Esprit, une nécessité pour tous les chrétiens.

1. Il est notre professeur pour nous conduire dans toute la vérité. Jn.16:13
2. Il est notre consolateur pour continuer l'œuvre de Jésus-Christ.

3. Il est notre interprète auprès de Dieu dans nos prières. Ro.8:26
4. Il nous guide et nous inspire. 2Pi.1: 21

III. Le don du Saint Esprit est la responsabilité de tous les chrétiens de l'avoir.

Ce n'est pas une option, c'est une obligation. Nous citons Paul: «Ne vous enivrez pas de vin, c'est de la débauche. Soyez au contraire, remplis de l'Esprit. Ep.5:18 Si un pneu de votre voiture manque d'air, les passagers à votre bord courent un grand risque. Aux yeux de Dieu, un chrétien qui n'est pas rempli du Saint Esprit n'est pas plus qu'un païen qui boit son whisky. Il met sa vie et celle de son entourage en danger.

IV. Les obstacles à la plénitude du Saint Esprit.

1. Une vie charnelle: Les œuvres de la chair sont manifestes: ce sont la débauche, l'impureté, le dérèglement, l'idolâtrie, la magie, les rivalités, les querelles, les jalousies, les animosités, les disputes, les divisions, les sectes, l'envie, ivrognerie, la gourmandise et les choses semblables. Ga.5:19-20
2. Notre indifférence à la Grande Commission. Nous refusons de jeûner et de prier pour obtenir la puissance en vue de l'Évangélisation. Ac.1:8
3. La rancune ou notre refus de pardonner. Mt.6:15
4. La médisance ou la destruction du témoignage d'un frère en propageant ses erreurs.

Le Psalmiste dira: «Si j'avais conçu l'iniquité dans mon cœur, le Seigneur ne m'aurait pas exaucé.» Ps.66:18

V. Résultats à espérer d'une vie remplie du Saint Esprit.
1. On donne plus d'importance aux choses spirituelles. Ga.1:16-17
2. On est emparé par la crainte de Dieu. Pro.1: 7
3. On obéit au Saint Esprit.
4. On reflète Christ dans sa conduite. Ga.1:16
5. On a l'autorité de Christ avec soi pour faire des choses extraordinaires. Mc.16:17-18

Conclusion
Examinez-vous pour savoir si vraiment vous avez le Saint Esprit.

Questions

1. Trouvez la vraie réponse:
   a. Dans les derniers jours, Dieu répandra de son Esprit sur__ les chevaux et les bœufs __ Sur les protestants __ Sur tout le monde __ Sur ses serviteurs et ses servantes
   b. Pour inaugurer son Eglise, Jésus envoie le Saint Esprit __ Le 24 Décembre __ Le 4 Juillet __ Le jour de la Pentecôte
2. Trouvez les noms appropriés au Saint Esprit ___ Consolateur __ Congélateur __ Interprète __ Guide
3. Trouvez les réponses convenables
   Pour être rempli du Saint Esprit, le croyant doit vivre dans les choses suivantes:
   __ La prière __ la fornication __ l'idolâtrie __ le jeune __ La magie __ la drogue __
4. Dites les obstacles à la plénitude du Saint Esprit
   ___ La rancune __ la médisance __ la bonté __ la joie
   __ L'indifférence à la Grande Commission
5. Dites l'attitude de quelqu'un rempli du Saint Esprit
   __ Il est mal élevé __ Il est doux __ Il est arrogant __ Il est simple ___ Il donne la priorité aux choses spirituelles.

Leçon 4 Des hommes conduits par l'Esprit

Textes pour le moniteur: De. 18:22; 2Ch.36:22; Es.6:1; 44:28; 56:1-2; Ez. 17:1-11; Da.3;4; Je.23:32; Amos.3:7; Mc.16:17-18; Ac.8:29-39
Texte pour la classe: 2Pi.1:19-21
Texte d'or: Car ce n'est pas par une volonté d'homme qu'une prophétie a jamais été apportée, mais c'est poussés par le Saint Esprit que des hommes ont parlé de la part de Dieu. **2Pi.1:21**
Méthodes: Discours, comparaisons, questions
But: Montrer la participation du Saint-Esprit dans nos œuvres.

Introduction
Allez-vous croire que les serviteurs de Dieu ont forgé la parole? Point du tout. Sachez le bien, c'est poussés par l'Esprit que des hommes ont parlé de la part de Dieu. Et pour preuves nous avons:

I. **Des prophètes conduits par l'Esprit.**
1. Le Saint -Esprit inspira les prophètes qui diront:
    a. *Ainsi parle l'Eternel.* Es.56:1.
    b. *Cieux, écoutez! ... car l'Eternel parle!* Es.1:2
    c. *La Parole de l'Eternel me fut adressée en ces mots.* Ez.17:1,11

Il leur révéla des choses cachées.
a. L'Eternel ne fait rien sans avoir révélé ses secrets à ses serviteurs les prophètes. Amos.3:7
b. Esaie dira: «L'Esprit du Seigneur est sur moi et il m'a oint pour porter de bonnes nouvelles aux malheureux». Es.61:1
c. C'est pourquoi, Dieu blâme les faux prophètes puisqu'ils cherchent à tromper le peuple en faisant passer leurs songes et leurs visions pour des prophéties. Jé.23:32
d. Vous comprenez pourquoi Moise a mis Israël en garde contre ces pratiques audacieuses. De.18:22

II. **Des rois conduits par l'Esprit**
 1. Il réveilla l'esprit des rois païens pour un but donné.
    a. Il réveilla l'esprit de Cyrus, roi de Perse pour accomplir sa volonté en faveur des enfants d'Israël. Il l'appelle « mon serviteur» 2Chr.36:22; Es. 44:28
    b. Il inspira au roi Nebucadnetsar un décret aux termes duquel tout l'empire doit adorer le Dieu d'Israël. Da.3:28-29

III. **Des chrétiens conduits par l'Esprit.**
 a. Ils chassent les démons. Mc.16:17-18
 b. Ils guérissent les malades. Mc.16:17-18
 c. Ils opèrent des miracles. Mc.16:17-18
 d. Ils prêchent la Parole. Ac.8: 29-35-39

Conclusion

Puisque l'Esprit a droit d'utiliser qui il veut, êtes-vous docile à sa voix? Etes-vous au contraire, conduit par vos idées ou par votre intuition? Il n'est pas trop tard pour vous soumettre au Dieu omniscient. Il y va de votre avantage. Venez.

Questions

Trouvez la vraie réponse:
1. Pour être conduit par l'Esprit
   a. Il faut un GPS (Appareil de navigation universel)
   b. Il faut être un enfant de Dieu.
   c. Il faut être un prophète
2. Si on prophétise de son propre fond on est
   a. Un prophète national
   b. Un faux prophète
   c. Un journaliste
3. Le roi Cyrus est serviteur de Dieu,
   a. Il est sauvé à cause de ses bonnes œuvres
   b. Il n'est pas sauvé pour autant.
   c. S'il n'est pas sauvé, Dieu est méchant.
4. Quand on est conduit par l'Esprit
   a. On a l'embonpoint
   b. On a de l'argent
   c. On obéit à la voie du Saint-Esprit

Leçon 5 L'Esprit vous convainc de péché

Textes pour le moniteur: Ex.3: 2,4; 4:1-7, 20; 6:20; Jn.15:5; 16:8; Ac.7:22;
Texte pour la classe: Ex.3:1-6
Texte d'or: Alors il reprit et me dit: C'est ici la parole que l'Eternel adressée à Zorobabel: ce n'est ni par la puissance ni par la force, mais c'est par mon Esprit, dit l'Eternel. **Za.4:6**
Méthodes: Discours, comparaisons, questions
But: Montrer comment Dieu peut nous obliger à la repentance.

Introduction

Depuis le jour de la désobéissance de nos premiers parents, l'Esprit met tout en œuvre pour convaincre l'homme de retourner à Dieu. L'idée est bien exprimée dans ces chapitres que nous allons interpréter sur la conversion de Moise.

I. Son éducation

1. Il fut élevé dans toute la sagesse des Égyptiens, c'est-à-dire qu'il était versé dans les sciences mathématiques, la littérature et surtout dans la magie. Ac.7:22
2. Ainsi, Moise croyait en sa force physique et dans les forces surnaturelles pour appuyer ses décisions.
3. Elevé par la reine Hatshepsout, la femme du pharaon Thoutmès II, il se croyait nanti de privilèges exceptionnels et de pouvoir sur tous et même sur les

égyptiens. Il s'est grandement trompé. Son éducation a contribué à sa défaite: Il devait fuir l'Egypte.

II. Sa conversion
Le Saint Esprit le convainc de péché. Ex.4:6 Jn.16:8
1. L'homme d'épée devint berger. La verge à la main, Moise gardait les moutons de son beau-père dans le désert du Sinaï. Il ruminait chaque jour sa vengeance sur Pharaon tandis qu'il soupirait après la libération de son peuple. Mais il lui manquait un pouvoir que les dieux de l'Egypte n'avaient pas. C'était là que l'Eternel l'attendait.
2. Le feu de l'Esprit le saisit dans ses réflexions. Ex3:2
3. Il se <u>détournait</u> pour voir. Soulignez «détournait» c'est un tour de 180 degrés vers sa conversion. Ex.3:3 Alors, il vit de ses yeux le buisson en feu qui ne se consumait point. Et Dieu lui parla. Ex.3:4 C'est à ce moment que Moise accepta de s'humilier en ôtant ses sandales. Ex.3:5
4. Le Saint Esprit le convainc de son incapacité. «Sans moi, vous ne pouvez rien faire.» Ex.4:2-3; Jn.15:5
5. Il le convainc de son impuissance. Dieu a changé la dimension et la destination de sa verge. Ensuite, il frappa Moise de lèpre pour l'identifier à son état de pécheur perdu en vue de l'amener à la repentance. Ex.4:6-7
6. Après avoir résisté à ce Dieu par sept excuses (Ex.3:11; 4: 1, 10,13; 5:22-23; 6:12, 30), Moise était désarmé. Il s'est finalement soumis sans condition. Il a accepté sur lui l'autorité de L'Eternel Dieu et dès lors,

il renonce à ses biens, son pouvoir, à sa verge (son job de berger) qui depuis, devint «la verge de Dieu».Ex.4:20

Remarques:
1. Le Saint Esprit juge les pensées du cœur. He.4-12
2. Vous croirez toujours avoir raison; mais quand le Saint Esprit touche votre conscience, vous devez changer d'avis.
3. Nul ne peut lui mentir ou lui résister impunément. Ac.5:4 Sa lumière frappe Moise au point de provoquer en lui la repentance. Il se détourna pour voir. Ex.3:4 Nul ne peut opposer à Dieu sa bonté ou sa fidélité pour mériter le ciel. Notre salut ne dépend pas des œuvres de justice que nous aurions faites, mais par le sang précieux de Jésus-Christ. Notre salut est donc obtenu par grâce. Et c'est là l'œuvre du Saint-Esprit qui nous conduit dans toute la vérité.

Conclusion
Moise se détourna enfin pour voir. Etes-vous prêt à vous détourner de votre vie passée pour que le feu du Saint-Esprit brule votre conscience?

Questions

1. Trouvez la vraie réponse:
   a. Moise fut élevé par __ Joseph __ Hatshepsout
   b. Moise était __ un grand orateur __ un grand magicien
   __ un grand homme de Dieu.

2. Cochez la bonne réponse.
   a. Moise tua un pharaon et prit la fuite.
   b. Moise tua un égyptien et prit la fuite.
   c. Moise ne prit pas la fuite.

3. Quelle était sa plus grande expérience dans le désert?
   a. Il rencontra des couleuvres.
   b. Il gardait le troupeau de son beau-père.
   c. Dieu se révéla à lui dans un buisson.

4. Trouvez une expression qui détermine sa conversion.
   a. Il se détournait pour savoir.
   b. Il se détournait pour voir.
   c. Il se cachait pour ne point voir.

5. Recherchez dans cette leçon cinq excuses de Moise.

6. Trouvez dans cette leçon deux moyens employés par Dieu pour convaincre Moise. Réponse: La verge, la lèpre

7. Que représentait la lèpre sur Moise? Réponse : le péché.

Leçon 6 Jésus et la convoitise de la chair

Textes pour le moniteur: Mt.4:1-10; 26:26; Jn.4:34; 8:29; 6: 1-15, 33-51; Ga. 5: 16-26
Texte pour la classe: Mt.4:1-5
Texte d'or: Je dis donc: Marchez selon l'Esprit et vous n'accomplirez pas les désirs de la chair. Ga.5:16
Méthodes: Discours, comparaisons, questions
But: Présenter Jésus-Christ comme le champion sur le démon de la chair.

Introduction

Après son baptême, Jésus, fut conduit par l'Esprit dans le désert pour être tenté par le Diable. C'est ici un fait: «*Conduit... pour être tenté*». Jésus va subir trois examens. S'il échoue comme le premier Adam, sa mission est compromise et nous voilà pour jamais perdus.

I. Premier examen. Mt.4:3
Pour prouver qu'il était Fils de Dieu, le Diable lui demanda de changer les pierres en pain. Mt.4:3.
C'était pour Jésus le test de la maitrise de soi.
1. Satan sait bien qu'après quarante jours de jeûne, Jésus devait avoir faim. Il était donc raisonnable qu'il prit un peu de nourriture.
2. Jésus a refusé les «soi-disant bons conseils de Satan» Ce n'était pas au Diable de lui dicter sa volonté. En effet, nul n'avait jamais demandé à Satan de prouver

qu'il est fils du Diable. Ce n'est donc pas à Jésus de prouver à Satan qu'il est Fils de Dieu. Il dit: «Le Père est avec moi parce que je fais toujours ce qui lui est agréable. Jn.8:29 Satan n'avait pas obéi à Dieu au ciel, quel droit a-t-il de venir sur la terre, pour passer des ordres au Fils de Dieu qui vient du ciel? Mt.4:3

3. Si Jésus avait accepté de changer les pierres en pains, il aurait obéi au Diable. A ce moment, son acte ne serait plus un miracle, mais un spectacle. Jésus n'était pas un acteur, mais un sauveur.

4. Ne me demandez pas pourquoi Jésus donne toujours le pain accompagné de quelque chose. Le pain et le vin, le pain et le poisson. Imaginez que vous êtes dans un désert avec pour ration alimentaire un pain sec sans un peu de liquide à boire. Vous avez alors l'enfer à la gorge.

II. Comment Jésus traite le pain.

1. Il multiplia des pains à partir d'un minimum de pains. En effet, si toutes les pierres étaient des pains, les maçons ne pourraient plus construire et toutes les boulangeries seraient fermées. Il n'a pas donc fait œuvre de magicien mais plutôt celle d'un Dieu responsable. **La convoitise de la chair est ici domptée.**

2. Il ne fait jamais un miracle pour se satisfaire, mais pour plaire à son Père qui l'a envoyé; pour illustrer un message ou pour faire passer une leçon. Jn.4:34

   a. Après la multiplication des pains, il dira aux bénéficiaires: Je suis le pain de vie. Je suis le pain

qui est descendu du ciel. Celui mange mon corps et boit mon sang à la vie éternelle demeurant en lui. Jn.6:48, 54
   b. Pour l'en féliciter la foule voulut l'élire roi. Au lieu d'assister aux élections, il se retira sur la montagne pour prier. Jn.6:15
   c. Finalement, avant de passer de ce monde à l'autre, il prit du pain, le rompit et le donna à ses disciples en disant: «Ceci est mon corps qui est rompu pour vous» Mt.26:26
3. Aujourd'hui ce pain symbolise l'Eglise qui est le corps de Jésus-Christ et le vin symbolise le sang de Jésus-Christ versé pour notre salut. Ep.5:23 Jésus attend le sacrifice de nous-mêmes pour le salut du monde.
   a. Voilà comment Jésus nous donne le secret de la victoire sur la convoitise de la chair.
   b. Paul nous exhorte à ne pas rechercher ce qui nous plait mais plutôt ce qui sert à l'édification. Il nous exhorte à rejeter les convoitises charnelles qui font la guerre à l'âme Ro.14:19. Ainsi l'amour exagéré de notre couleur, de notre beauté, de notre grosseur, de notre belle auto ou de notre grand savoir, ne rend aucun service à Dieu. Ce sont des pierres qui ne seront jamais converties en pain pour nourrir les âmes fatiguées et chargées.

Conclusion

Demandons à Dieu de nous accorder la maitrise devant la tentation au moment où Satan veut exploiter nos faiblesses en nous induisant en erreur.

Questions

1. Cochez la vraie réponse
   a. Jésus fut conduit dans le désert par _ Satan _ L'Esprit.
   b. Jésus fut tenté par __ l'Esprit __ Satan
   c. Jésus fait tout pour plaire __ à lui-même __ à Dieu
   d. Au désert, Jésus avait besoin __ de pain __ d'ombre __ de l'eau
2. Remplissez les intervalles.
   a. Jésus dit «Je suis le __ de vie __ Celui qui mange __ et qui boit __ à la __ éternelle»
   b. Ceci est mon ___ qui est rompu pour vous
   c. Le père est avec __. Il ne m'a pas laissé seul, parce que je fais toujours ce qui lui est __

Leçon 7 Jésus et la convoitise des yeux.

Textes pour le moniteur: Ps.91:11-12; M.4:1-10; 27:4; Lu.4:29; 11:27; 1Jn.5:19; Ap.7:14
Texte pour la classe: Mt.4:5-7
Texte d'or: Gardez-vous de pratiquer votre justice devant les hommes, pour en être vus; autrement, vous n'aurez point de récompense auprès de votre Père qui est dans les cieux. **Mt.6:1**
Méthodes: Discours, comparaisons, questions
But: Présenter Jésus-Christ comme le champion sur le démon de la vaine gloire.

Introduction
Dans le premier examen, Jésus a réussi avec brio[6]. Les boulangers et les maçons n'auront aucune raison de se plaindre ou de s'inquiéter. Les pierres resteront pierres et la farine servira à faire du pain et non du mortier. Et voilà Satan qui vient avec un autre test. C'était un test sur l'humilité.

Deuxième examen. Si tu es Fils de Dieu, monte sur le pinacle du temple de Jérusalem et jette-toi en bas. Car la Bible dit: «Il ordonnera à ses anges de te garder dans toutes tes voies. Ils te porteront sur les mains de peur que ton pied ne heurte contre une pierre.» Ps.91:12

---

[6] Réussir avec brio. Réussir brillamment.

I. **Buts de Satan**
   1. Satan voulut porter Jésus à agir avec vanité comme un vulgaire magicien. Monter sur le clocher du temple et se jeter dans le vide! Est-ce là une bonne façon de prouver son autorité divine? Satan cite la Bible pour l'encourager.
   2. Il veut coûte que coûte que Jésus lui obéisse au moins en une chose.
   3. S'il y réussit, il pourra **tout** dominer car le monde entier est sous la puissance du malin. 1Jn.5:19 La mission de Jésus serait avortée et nous serions à jamais perdus.

II. **La réplique immédiate de Jésus**
Puisque Satan a utilisé la Bible pour le séduire, Jésus s'est armé de la Bible pour le chasser. «Il est **aussi** écrit: Tu ne tenteras point le Seigneur, ton Dieu.» Mt.4: 7
D'un coup, Jésus lui rappelle,
   a. Qu'il est son Seigneur et son Dieu, investi du pouvoir de lui passer des ordres ou même de le chasser.
   b. Qu'il n'a aucun droit de prendre un texte hors de son contexte pour en faire un prétexte. Satan a évoqué un verset dans la Bible. C'est le verset 11 du Psaume 91. Satan connait le Psaume 91 mais il n'obéit pas au Dieu du Psaume 91.

IV. **Ses répliques à Satan au cours de son ministère**
   Nous verrons maintes fois, des gens venir le flatter:

1. Un Nicodème viendra en privé lui décerner un diplôme de doctorat honoris causa[7] pour les miracles qu'il faisait. Il n'en fit pas cas d'ailleurs. Mais il annonce son message à cet avocat qui devint chrétien. Jn.3:3
2. Une dame le glorifiait en ces termes: «Heureuses les mamelles qui t'ont allaité.» Il répliqua immédiatement «Heureux plutôt ceux qui écoutent la parole et qui la gardent.» Lu.11:27,28
3. Un jour après avoir délivré son message dans la synagogue de Nazareth, on tentait de le précipiter du haut de la montagne. Finalement à la croix, Satan s'incarnait dans le mauvais larron pour demander à Jésus de laisser la croix. Jésus n'a pas bougé d'un pouce car il savait bien que c'était le but de Satan depuis la fondation du monde, précipiter le plan de Dieu dans l'abime. Mt.27:40; Lu.4:29

Une leçon à apprendre:
La gloire n'est pas dans la vanité, mais dans l'humilité. Jésus a passé le test d'humilié avec mention Summa cum laude[8]. C'est pourquoi Dieu l'a souverainement élevé et lui a donné

---

[7] Doctorat honoris causa.. Titre honorifique décerné par une Université ou une Faculté à une personne éminente.

[8] Summa cum laude. Avec le plus grand honneur. La plus haute distinction académique décerné à un récipiendaire

le nom qui est au-dessus de tout nom, Roi des rois, Seigneur des seigneurs. Ph.2:9-11; Ap.17:14

Conclusion
Toutes les fois que vous agissez dans le but d'attirer l'attention sur vous, sachez que vous êtes sous l'empire de la séduction du malin. Il ne tardera pas à vous jeter dans l'abime de désespoir et de la perdition. Connaissez votre Bible assez pour lui dire: Tu ne me tenteras pas, moi, le fils de Dieu.»

Questions

1. Cochez la vraie réponse
   a. Pour convaincre Jésus, Satan utilise_ un livre de magie
   b. __ une liturgie __ la Bible
   c. Pour dominer le monde entier, Satan doit dominer _ Jéricho __ Jérusalem __ Jésus
   d. Pour arriver à la gloire il faut __ pratiquer __ la magie __ obéir à Satan __ obéir à Dieu.
2. Pour le test de dernière séduction de Jésus, Satan entra dans __ Nicodème __ le mauvais larron _ Judas
3. Remplissez les intervalles:
   C'est pourquoi Dieu l'a souverainement ___ et lui a donné le __ qui est au-dessus de tout ___ afin qu'au ___ de Jésus tout ___ fléchisse dans les cieux, sur la terre et ___ la terre et que toute ___ confesse que Jésus est ___ à la gloire du Dieu le Père.

Leçon 8 Jésus et l'orgueil de la vie

Textes pour le moniteur: Mt.4:1-10; Mc.8:35; Lu.4:6-7; 1Jn.2:15-17;
Texte pour la classe: Mt.4:8-11
Texte d'or: Et que sert-il a un homme de gagner tout le monde, s'il perd son âme? **Mc.8:36**
Méthodes: Discours, comparaisons, questions
But: Présenter Jésus-Christ comme le champion sur le démon de l'orgueil.

Introduction
Et maintenant, Jésus va subir le troisième examen. Aucun professeur n'est sur les lieux, voudrait-il poser même une petite question.

I. Voyons en quoi consiste ce troisième examen:
Le sujet à traiter c'est «L'Orgueil de la vie». C'est un test sur ses ambitions personnelles: Posséder ce dont on n'aura jamais le temps de jouir mais avec l'avantage d'avoir un nom. Remarquez-le bien: L'Esprit change de temps en temps de salle d'examen, mais non pas d'examinateur; C'est toujours le même: Satan Le Diable.

1. **Premier test.** Jésus reçoit le premier test dans le désert rocailleux de Judée que je connais très bien. Soit dit en passant, c'est là que David composait le Psaume 23 d'après certains historiens juifs. Jésus sait

que Dieu restaure son âme, qu'il le conduit dans le sentier de la droiture à cause de sa réputation. Ainsi donc, Il n'a que faire du menu que Satan lui propose.

2. **Deuxième test.** A Jérusalem. Satan le conduisit au sommet du temple, le point le plus dangereux. Jésus aurait pu offrir un spectacle capable d'attirer des milliers de spectateurs.

3. **Troisième test.** Sur une montagne de Jéricho, la capitale de Satan. A partir de là, vous pouvez contempler Amman, La Jordanie, Moab, La Mer Morte, la vallée du Jourdain, la Judée, la Samarie.

II. **Formulation du devoir**:
Je crois entendre Satan lui dire: «Jésus, je ne discute plus avec toi ton titre de Fils de Dieu. Cependant, je veux te rappeler que tous les royaumes du monde et leur gloire sont à moi. Je peux en disposer comme bon me semble. Je suis prêt à te les donner, à la seule condition que tu te mettes à genoux devant moi pour attester ma supériorité sur toi. Simple comme cela. Lu.4:6-7

III. **Ce que Satan veut insinuer à Jésus**
1. L'envie de posséder sans effort.
2. L'ambition d'avoir une notoriété. [9]

---

[9] Notoriété nf. Réputation

3. La capacité de développer un système capitaliste pour tout avoir entre les mains en vue de tenir les malheureux et les petites nations par les tripes.
4. La hantise du pouvoir pour dominer partout.
Tout cela est à vous, Jésus, à la seule condition que vous acceptiez de signer le contrat avec moi.

IV. Comment Jésus en sortit.
1. Il chassa Satan malhonnêtement devant sa face. Mt. 4:10
2. Il lui rappela qu'il est son Dieu et que tous les anges doivent l'adorer;
3. Que devant lui seul tout genou doive fléchir,
   a. Dans les cieux, (anges, archanges, chérubins, séraphins) sur la terre, (les rois, les chefs d'Etat, riches, pauvres, grands et petits, noirs ou blancs) sous la terre (les esprits méchants dans les abimes, les loas, les démons, Satan le Diable)
   b. Toutes langues (les peuples et les nations) doivent confesser que Jésus est Seigneur à la gloire de Dieu le Père. Ph.2:9-11.

V. Les recommandations à suivre.
Jésus donne à notre âme un prix supérieur à ce que le monde peut offrir. Mc.8:35 L'apôtre Jean insiste pour nous dire: «N'aimez point le monde, ni les choses qui sont dans le monde. Si quelqu'un aime le monde, l'amour du Père n'est point en lui. Car ce qui est dans le monde, la convoitise des yeux, la convoitise de la chair, l'orgueil de la vie, ne vient point du Père, mais de Satan. 1Jn.2:15-17

Conclusion

Souvenez-vous que toute la planète avec ses richesses ne peut vous procurer la moitié d'un ticket pour amener une seule âme au ciel. Imitez Jésus et dites au malin avec la flamme de la hardiesse dans la voix: «Arrière de moi Satan!»

Questions

1. Cochez les bonnes réponses:
    a. Etant propriétaire d'un restaurant, je pourrai manger à la fois __ deux __ dix __ trente __ un __ repas
    b. Avec mes 200 lits, je pourrai dormir __ 4 __ 13 __ 200 __ une __ fois à la fois.
    c. Avec mes 200 costumes, je pourrai m'habiller __ 10 __ 20 __ 200 __ une __ fois à la fois.
    d. Pour force Jésus à l'adorer, Satan se tenait à __ Gethsémani __ en Judée __ à Jéricho
2. Remplissez les intervalles
    a. Retire-toi ___ car il est écrit: Tu ___ le Seigneur ___ et tu le serviras __ seul.
    b. Je te donnerai toutes ces choses, si tu te ___ et m' __

Leçon 9 L'Esprit vous conduit dans toute la vérité

Textes pour le moniteur: Jn.16: 13-15; Act. 8:4-40
Texte pour la classe: Act.8:26-35
Texte d'or: Quand le consolateur sera venu, l'Esprit de vérité, il vous conduira dans toute la vérité. **Jn.16: 13**
Méthodes: Discours, comparaisons, questions
But: Montrer comment le Saint–Esprit peut vous guider en vue de guider les autres à trouver la vérité.

Introduction
Quand l'Esprit de Dieu veut vous conduire, vous ne pouvez, en aucune façon, échapper à son influence. C'était le cas pour Philippe.

I. Situation
Philippe développait une œuvre à Samarie. Les conversions se multipliaient à la faveur des guérisons miraculeuses et surtout à la prédication puissante de ce diacre consacré. Act.8:5-7
La ville entière était à ses pieds pour l'entendre, au point que le plus grand magicien, ayant perdu tous ses clients, se décida à recevoir Christ comme sauveur personnel. Il s'appelait Simon. Act.8: 1-13
Inutile de vous dire que Philippe avait besoin d'aide. Les apôtres lui envoyèrent Pierre et Jean. Leur renfort a engendré une explosion évangélique: Une grande foule se fit baptiser

au nom de Jésus-Christ. Le Saint Esprit est descendu sur les croyants avec puissance. Comment imaginer qu'au milieu de ce réveil, le Saint Esprit envoyât Philippe en mission spéciale dans un endroit spécial pour rencontrer une seule âme? Il devait évangéliser l'eunuque Ethiopien. Le Saint Esprit lui donne seulement son GPS [10](God Position System) et chronométra les déplacements de Philippe et de l'eunuque de telle manière que la rencontre eût lieu exactement au moment où celui-ci essayait vainement de déchiffrer une portion du livre du prophète Esaie. Act.8:30. Philippe est arrivé à temps pour le conduire dans toute la vérité. L'Esprit lui dit d'avancer et d'approcher du char; car une âme est prête à accepter Jésus-Christ comme sauveur. Act.8:29

II. Ce que le Saint Esprit sait et que Philippe ignorait.
1. Philippe ne savait pas qui il allait rencontrer. Il a offert l'Evangile à cet homme. C'était le ministre des finances chez la reine Candace, en Éthiopie. Cet homme riche a emprunté la route de Gaza pour se dérober à la curiosité des fêtards de la Pentecôte et surtout des escamoteurs. Mais il ne pouvait se dérober au GPS du Saint Esprit. Dieu sait calculer les

---

[10] GPS Système de repérage géographique inventé par les américains grâce aux différents satellites qu'ils envoient dans l'espace

distances et les circonstances pour vous amener à la repentance.
2. L'eunuque a reçu Christ et le baptême évangélique. Act.8:38 Et maintenant, grâce à la conversion de cet homme, l'Ethiopie est gagnée certainement à Christ.
3. Pour votre édification, l'Ethiopie est peuplée de juifs coptiques. Ils sont issus du roi Salomon et de la reine de Seba. Ils n'étaient jamais admis par Israël comme une treizième tribu. Cependant, chaque année, ils vont en pèlerinage à Jérusalem, surtout à la fête de la Pentecôte. C'est bien malheureux que cette Eglise chrétienne orthodoxe d'Egypte fut par la suite submergée par l'Islam. C'était pour l'histoire.
4. Maintenant revenons à Philippe. Une simple négligence de la part de notre missionnaire aurait causé un délai dans le plan de Dieu. Mais Dieu n'est jamais en retard.

III. Ce que le Saint Esprit sait et que nous ignorons.
1. Toutes choses, même les contrariétés, concourent au bien de ceux qui aiment Dieu. Ro.8: 28
2. Nous sommes seulement de simples instruments dans les services de réveil. Toute la gloire doit être attribuée au Saint Esprit.
3. Hier, Jean demandait à Jésus la permission de faire descendre le feu du ciel sur les Samaritains, de leur appliquer le *père-lebrun*[11], pour se venger d'un refus

---

[11] Père-Lebrun. Supplice odieux infligé à des victimes de la politique en Haïti à la fin du vingtième siècle et qui consiste à lui

d'hospitalité. Aujourd'hui, animé de l'Esprit Saint, il amenait ses ennemis au Seigneur. Lu.9:52-56, Ac.8:14-17

4. La meilleure façon de détruire un ennemi, c'est d'en faire un ami en surmontant le mal par le bien. Ro.12:21

Conclusion
Puisque Jésus veut sauver les pécheurs, acceptons de perdre un lunch, une partie de domino, un programme de football, un programme sur l'internet. Ecoutons la voie du Saint Esprit au milieu de tant de bruits et allons avec le GPS du Saint Esprit pour aller et les sauver.

---

mettre autour du cou un pneu de voiture enflammé jusqu'à sa complète consommation.

Questions

1. Cochez tout ce qui est **vrai** de Philippe
   a. Il était __ un pasteur __ un diacre __ un évangéliste.
   b. Il prêchait à__ Samarie __ à Jérusalem __ dans un désert
   c. Il baptisait __ Hérode __ un Ethiopien __ Saul de Tarse
   d. Il gagna à la conversion__ Simon le magicien __ un mécanicien
2. Cochez tout ce qui est **faux** de Philippe.
   Pour repérer l'eunuque Philippe utilisa __Un mapquest __ Un GPS __ La direction du Saint Esprit
3. Cochez les vraies réponses.
   Dites ce qui est **vrai** du Saint Esprit. Pour sauver l'eunuque
   a. Il dépêcha Philippe dans le désert de Gaza
   b. Il coordonna le déplacement de Philippe et de l'eunuque
   c. Il lui donna un bon cheval de course et un mégaphone.
   d. Il le fait parler en langue.

Leçon 10 Privilèges du croyant conduit par l'Esprit Saint

Textes pour le moniteur: Joël.2:28; Ps.91:1; Lu.10:19; Mc.16, 17; Ac.2:16-18; Ga.5:16-24;
Texte pour la classe: Ro.8: 8-14
Texte d'or: Car ceux qui sont conduits par l'Esprit de Dieu sont fils de Dieu. **Ro.8:14**
Méthodes: Discours, comparaisons, questions
But: Présenter les avantages d'être un chrétien conduit par le Saint Esprit.

Introduction
Dans l'Ancien Testament, l'Esprit était délégué à une personne choisie par Dieu pour remplir une mission spéciale. Il avait prédit par la bouche du prophète Joël que, dans les derniers temps, il répandra de son Esprit sur toute chair, notamment sur ses serviteurs et servantes, jeunes ou vieux ; prophétie réalisée au premier siècle apostolique. Joël. 2:28; Ac.2:16-18

Nous allons voir aujourd'hui les privilèges de ces chrétiens.
1. Ils développent le fruit de l'Esprit, c'est à dire l'amour, la joie, la paix, la patience, la bonté, la bénignité, la fidélité, la douceur, la tempérance. Ga.5:22
    a. **Ils exercent leurs dons par le Saint Esprit.** En effet, à l'un est donné par l'Esprit une parole de sagesse; à

un autre, une parole de connaissance, selon le même Esprit;

b. à un autre, la foi, par le même Esprit; à un autre, le don des guérisons, par le même Esprit;

c. à un autre, le don d'opérer des miracles; à un autre, la prophétie; à un autre, le discernement des esprits; à un autre, la diversité des langues; à un autre, l'interprétation des langues.

d. Un seul et même Esprit opère toutes ces choses, les distribuant à chacun en particulier comme il veut. Car, comme le corps est un et a plusieurs membres, et comme tous les membres du corps, malgré leur nombre, ne forment qu'un seul corps, ainsi en est-il de Christ. **1Co.12:4-11**

2. Ils parlent de nouvelles langues: le langage de l'amour, de la paix, du pardon et de la réconciliation qui n'était pas en vigueur sous la loi du talion[12], «œil pour œil et dent pour dent.» Mc.16:17

3. Ils maitrisent le démon de la chair. Ceux qui sont à Jésus Christ ont crucifié la chair avec ses passions et ses désirs. Gal.5:24

---

[12] Loi du talion. Loi qui exige de punir l'offense par une peine du même ordre que celle-ci.

4. Dieu les rend invisibles aux yeux de leurs ennemis. Celui qui demeure sous l'abri du Très-haut, repose à l'ombre du Tout-Puissant. Ps.91:1

5. Ils dominent les forces surnaturelles. Voici, je **vous** ai donné le pouvoir de marcher sur les serpents et les scorpions, et sur toute la puissance de l'ennemi; et rien ne pourra **vous nuire.** Lu.10:19 Au lieu de craindre les démons, ils les chassent par le pouvoir renfermé dans le nom de Jésus. Mc.16:17

6. Ils entrent dans les profondeurs de Dieu.
Ils sont détenteurs de grands secrets. Comme il est écrit, ce sont des choses que l'œil n'a point vues, que l'oreille n'a point entendues, et qui ne sont point montées au cœur de l'homme, des choses que Dieu a préparées pour ceux qui l'aiment. Il nous les a révélées par l'Esprit. Car l'Esprit sonde tout, même les profondeurs de Dieu. Or nous, nous n'avons pas reçu l'esprit du monde, mais l'Esprit qui vient de Dieu, afin que nous connaissions les choses que Dieu nous a données par sa grâce. 1Co.2:9-12

7. Le ciel les attend. Dieu peut conclure leur mission en leur donnant le temps pour dire "Seigneur, reçois mon esprit". A l'aéroport de l'éternité Jésus les attendra pour leur dire: "Venez les bénis de mon Père." Jn.19:30; Mt.25:34 Combien de privilèges exceptionnels que la terre ne peut donner!

Conclusion:
Marchons avec joie dans le bon chemin,
Dans l'étroite voie du bonheur sans fin.
Laissons en arrière les biens d'ici-bas.
Prions notre Père de guider nos pas
Comptant sur sa grâce, remplis de sa paix,
Que rien n'embarrasse nos pas désormais.

Questions

1. Trouvez la réponse appropriée:
   a. Dans les derniers temps, Dieu enverra son Esprit sur toute chair __ Les bœufs __ les ânes __ les religieux __ les serviteurs de Dieu.
   b. Le fruit de l'Esprit c'est __ la joie __ le parler en langue __ l'amour __ une pomme rose
   c. Pour être rempli du Saint Esprit il faut __ être à jeun __ s'habiller tout de blanc __ être conduit par l'Esprit
   d. Pour être sauvé, il faut __ avoir opérer des miracles ____ Savoir crier «Seigneur, Seigneur __ Faire la volonté de Dieu.

2. Vrai ou faux
   Le chrétien reçoit des dons pour servir Dieu __ V __ F
   Le chrétien est bien gardé par Dieu __ V __ F

Leçon 11 Identification du croyant conduit par l'Esprit Saint

Textes pour le moniteur: Ex.14:13-14; De. 16:16; 18:22; 1Ch.16:29; Ps.37:5; Amos.3:7, Lu.17:10;Jn.3: 8; Ro.16:17; 1Co.12:10; Ga.6:1; 1Pi.2:18-19
Texte pour la classe: 1Co.12:4-11
Texte d'or: L'Esprit lui-même rend témoignage à notre esprit que nous sommes enfants de Dieu. **Ro.8:16**
Méthodes: Discours, comparaisons, questions
But: Montrer les marques de la citoyenneté chrétienne du croyant conduit par l'Esprit.

Introduction

Vous vous rappelez que le chrétien est marqué du sceau de l'Esprit en sorte qu'il n'ait aucun besoin de s'identifier devant Satan et devant personne. Mais comment détecter ce sceau?
Voyons les sept marques du chrétien.

1. **Le chrétien a l'esprit de discernement**. Il peut détecter les bons et les mauvais esprits. Dieu ne le livre pas au bon plaisir de ses ennemis malicieux. Il a un jugement sûr parce qu'il est inspiré de Dieu. 1Co.12:10

2. **Le chrétien a l'esprit de pardon et de réconciliation**. Il ne garde rancune à personne. Il

recommande son sort à l'Eternel; il met en lui sa confiance sachant que Dieu va agir pour lui. Ps.37:5 Ainsi en trompant un chrétien, vous vous trompez vous-même car il ne sommeille ni ne dort celui qui garde Israël. En voulant vous venger de lui, vous perdez votre temps, car Dieu lui dit: «L'Eternel combattra pour vous ; quant à vous, gardez le sang-froid.» Ex.14:14; Ps.121: 4

3. **Le chrétien a l'esprit d'union et de communion fraternelle.**
Il ne fait rien par esprit de parti ou par vaine gloire. Il ne manifeste aucune tendance discriminatoire envers les étrangers. Il aime parce que son amour vient de Dieu. Il ne va jamais s'associer aux faux chrétiens pour diviser une église parce qu'il ne va pas jouer avec le salut de son âme ni celui des autres. Il n'est jamais fatigué d'adorer. Ro.16:17; Jude 1:19

4. **Le chrétien a l'esprit de prophétie.**
Le message qu'il vous délivre est conduit par le vent de l'Esprit qui souffle où il veut et dont tu en entends le bruit. L'Esprit seul sait dans quelle profondeur il vous atteint. Dieu peut lui donner un message dans une vision, dans la Bible, dans ses expériences personnelles pour votre édification. Vous reconnaitrez qu'il n'est pas de Dieu si la chose n'arrive pas. De.18:22; Amos.3:7 ; Jn.3:8

5. **Il vous dit la vérité sans rancune ni blessure.** Il peut comprendre que le diable vous possède momentanément pour vous induire en erreur, mais il ne va pas en profiter pour applaudir à la victoire du diable sur vous, car votre péché ne saurait lui rendre service. Ga. 6:1

6. **Le chrétien a l'esprit de service et de sacrifice.** Il travaille toujours dans l'intérêt de Dieu sachant qu'il est un serviteur inutile qui ne pourra jamais remettre à Dieu le prix de son salut. Il obéit à son supérieur non par faiblesse, ni lâcheté mais par principe et loyauté. Lu.17:10; 1Pi.2:18-19

7. **Le chrétien contribue avec un esprit d'adoration.** Il sait qu'il n'est pas digne de servir un Dieu qui a tout donné et de qui il a tout reçu. Sa louange s'accompagne d'une offrande généreuse quand il vient dans la présence de Dieu. De.16:16; 1Ch.16:29

Conclusion

S'il n'est pas ainsi chez vous, faites un examen autocritique de votre vie spirituelle. Voyez s'il n'y a pas chez vous des pensées adultères, de querelles, de division, le sentiment de colère, d'irritation, d'orgueil, de suffisance, de la rancune et de l'animosité. Soyez honnête avec vous-même. Confessez humblement vos péchés. Jésus vous aime et vous attend.

Questions

Vrai ou faux
1. Le chrétien sait toutes choses __ V __ F
2. Le chrétien est conduit par le Saint Esprit __ V __ F
3. Un chrétien ne devrait pas aller à l'école. __V __ F.
4. Un chrétien doit oublier les torts qu'on lui a faits. _ V _ F
5. Le chrétien fait tout pour la gloire de Dieu. __ V __ F
6. Le chrétien n'a pas besoin de contribuer. __V __ F
7. Il faut être pauvre pour être bon chrétien. __V __F

Leçon 12 Les disciples d'Emmaüs désabusés[13].

Textes pour le moniteur: De. 18:15; Es.9:5-6; Es. 53; Mt.28:1-15; Lu. 24:1-48; Jn.20:1-23
Texte pour la classe: Lu. 24:13-16
Texte d'or: Alors il leur ouvrit l'esprit afin qu'ils comprissent les Ecritures. **Lu.24: 45**
Méthodes: discussion, questions
But: Dissiper tout doute sur la puissance du Christianisme.

Introduction
Nous venons de surprendre quelques bribes de paroles tombées des lèvres de deux disciples d'Emmaüs. Ils ruminaient leur déception sur Jésus, l'incarnation de leur espoir. Il est mort. Tout est fini. Mais le temps pour eux d'achever leur voyage, quelqu'un vient et s'introduit lui-même au milieu de leur conversation. Essayons d'en reproduire la scène.

I. Les réflexions des disciples d'Emmaüs
   1. Ils spéculaient sur les informations reçues de Marie de Magdala: Jn.20:18
      « Jésus n'était pas dans la tombe. Elle était vide. » Voilà sa déclaration. Lu.24:3
      a. Marie était la première à voir Jésus immédiatement après sa résurrection. Jn.20:17

---

[13] Désabuser v.t. Tirer quelqu'un de son erreur; détromper

b. Elle était la première missionnaire à l'annoncer aux disciples. Mc.16:9-10
Les disciples d'Emmaüs n'en pouvaient croire à leurs oreilles. Lu.24:22-24

II. L'intervention du troisième
1. Un interlocuteur pas comme les autres; dès que son nom est cité. Il est là. C'était Jésus de Nazareth, l'homme de Galilée. Mt. 18:20
2. Il leur expliquait les Ecritures depuis Moise jusqu'à sa résurrection d'entre les morts. Lu. 24:27 Voyons les citations probables énoncées dans son message:
   a. **Citation de Moise**: Dieu te suscitera du milieu de tes frères, un prophète comme moi. De. 18:15 Ce prophète c'est moi, Jésus.
   b. **Citations d'Esaie**: On l'appellera Admirable, Conseiller, Dieu Puissant, Père Eternel, Prince de la Paix. Es.9:5 *Ce Dieu Puissant et tous les autres attributs, c'est moi, Jésus*.
   Méprisé et abandonné des hommes, Homme de douleur et habitué à la souffrance, Semblable à celui dont on détourne le visage, Nous l'avons dédaigné, nous n'avons fait de lui aucun cas. Cependant, ce sont nos souffrances qu'il a portées, C'est de nos douleurs qu'il s'est chargé; Et nous l'avons considéré comme puni, frappé de Dieu, et humilié. Mais il était blessé pour nos péchés, brisé pour nos iniquités; Le châtiment qui nous donne la

paix est tombé sur lui, et c'est par ses meurtrissures que nous sommes guéris. Es. 53:5 *Le Messie souffrant, c'est moi, Jésus.*

  c. **Citations de David**: «Car des chiens m'environnent, une bande de scélérats rodent autour de moi. Ils ont percé mes mains et mes pieds. Je pourrais compter tous mes os.» Ps.22:17 *Le condamné accusé, flagellé[14], et crucifié, c'est moi, Jésus, l'agneau de Dieu qui ôte le péché du monde.* Jn.1: 29

Car tu ne livreras pas mon âme au séjour des morts, Tu ne permettras pas que ton bien-aimé voie la corruption.» Ps.16:10 *Le mort ressuscité sans connaitre la décomposition et la putréfaction en terre, c'est bien celui qui vous parle, moi Jésus, le Messie glorifié.*

La conversion de ces disciples.
1. Leur discussion sur Jésus ne pouvait leur ouvrir les yeux. Lu.24:15-16
2. La connaissance biblique reçue de la bouche même de Jésus brulait leur cœur, mais ne suffisait pas pour les fléchir à la conversion. Elle ouvre les yeux de leur intelligence mais pas leur cœur. Lu.24:32
3. Cette conversion était seulement possible quand *Jésus leur ouvrit l'esprit.* Lu.24:45

---

[14] Flageller. V.t Battre de coups de fouet, de verges.

III. La preuve de cette conversion
1. Ils offrirent l'hospitalité à Jésus. Lu.24:29
2. Ils mangèrent avec Jésus. Lu.24:30
3. Ils s'étaient constitués ses messagers. Malgré la nuit tombante et la fatigue du jour, ils allèrent à Jérusalem témoigner aux disciples de leur rencontre avec Jésus. Toute une nuit à aller d'Emmaüs à Jérusalem et de Jérusalem à Emmaüs sans se plaindre. Emmaüs est à un kilomètre de Jérusalem. La réalité de la résurrection de Jésus-Christ les dépasse. Lu.24:33
Ainsi convaincus par des preuves à l'appui, rien ne pourra les débouter dans leur foi.

Conclusion: Qu'en est-il de vous mon ami?

Questions

1. Ecrivez le nom d'un des disciples d'Emmaüs en lisant Luc 24: 18
2. Donnez le nom de la première femme missionnaire d'après la leçon.
3. Choisissez parmi ces noms, ceux que prit Jésus dans l'histoire:
   ___ Dieu Puissant ___ Politicien ___ Prophète ___ roi ___ Démagogue
4. A quoi fit allusion le psalmiste quand il dit: «Une bande de scélérats rodent autour de moi»? ____ Une bande de mardi-gras ___ Une bande de rara ___ les soldats romains
5. Trouvez ce qui explique leur bonne intention envers Jésus:
   a. Ils ont ouvert une Église
   b. Ils allèrent dénoncer Jésus à Pilate.
   c. Ils allèrent trouver les disciples pour leur faire part de la résurrection.
6. Trouver ici ce qui détermine leur conversion.
   a. Ils font des discussions sur la Bible
   b. Ils suivent attentivement les messages du Seigneur
   c. Le Seigneur leur ouvrit l'esprit pour comprendre les Ecritures.

Récapitulation des versets

Leçon 1   **L'Esprit Saint dans ses opérations souveraines**
L'Esprit sonde tout, même les profondeurs de Dieu. **1Co.2:10**

Leçon 2   **Le Saint-Esprit à l'œuvre dans la Grande commission**
Mais vous recevrez une puissance, le Saint Esprit survenant sur vous et vous serez mes témoins, à Jérusalem, dans toute la Judée, dans la Samarie et jusqu'aux extrémités de la terre. **Ac.1:8**

Leçon 3   **Le Saint Esprit dans la vie du Chrétien**
Si vous vivez selon la chair vous mourez; mais si par l'Esprit vous faites mourir les actions du corps vous vivrez. **Ro.8:13**

Leçon 4   **Des hommes conduits par l'Esprit**
Car ce n'est pas par une volonté d'homme qu'une prophétie n'a jamais été apportée, mais c'est poussés par le Saint Esprit que des hommes ont parlé de la part de Dieu. **1Pi.1:21**

Leçon 5   **L'Esprit vous convainc de péché**
Alors il reprit et me dit: C'est ici la parole que l'Eternel adressée à Zorobabel: ce n'est ni par la puissance ni par la force, mais c'est par mon Esprit, dit l'Eternel. **Za.4:6**

Leçon 6   **Jésus face à la convoitise de la chair**

Je dis donc: Marchez selon l'Esprit et vous n'accomplirez pas les désirs de la chair. **Ga.5:16**

Leçon 7 **Jésus face à la convoitise des yeux.**
Gardez-vous de pratiquer votre justice devant les hommes, pour en être vus; autrement, vous n'aurez point de récompense auprès de votre Père qui est dans les cieux. **Mt.6:1**

Leçon 8 **Jésus face à l'orgueil de la vie**
Et que sert-il à un homme de gagner tout le monde, s'il perd son âme? **Mc.8:35**

Leçon 9 **L'Esprit vous conduit dans toute la vérité**
Quand le consolateur sera venu, l'Esprit de vérité, il vous conduira dans toute la vérité. **Jn.16: 13**

Leçon 10 **Privilèges du croyant conduit par l'Esprit Saint**
Car ceux qui sont conduits par l'Esprit de Dieu sont fils de Dieu. **Ro.8:14**

Leçon 11 **Identification du croyant conduit par l'Esprit Saint**
L'Esprit lui-même rend témoignage à notre esprit que nous sommes enfants de Dieu. **Ro.8:16**

Leçon 12 **Les disciples d'Emmaüs désabusés.**
Alors il leur ouvrit l'esprit afin qu'ils comprennent les Ecritures. **Lu. 24: 45**

Tome 7 Série 2

Jonas, le missionnaire délinquant

Avant-goût

Ce livret est soumis à votre attention sagace pour dessiner sous vos yeux le plan éternel d'un Dieu à qui nul ne peut désobéir impunément. «Il dit, et la chose arrive.» Ps. 33 :9 Sa Parole doit accomplir ses desseins que nul n'est en droit d'obscurcir. Dieu a envoyé Jonas, un prophète originaire de la Galilée, à Ninive, une grande ville d'Assyrie, aujourd'hui Iran, pour publier un message de repentance. Il ne fait aucun doute qu'il en avait assumé tous les frais. Comment Jonas va-t-il s'acquitter de sa tâche? Nous allons beaucoup apprendre de Dieu à travers les décisions du missionnaire. Je vois déjà Jésus qui nous envoie en mission à travers le monde comme des Jonas modernes. Nos projets personnels vont-ils contrarier le plan de Dieu? Que vous aimiez Jonas ou non, vous avez intérêt à lire ce livret et à regarder dans le miroir du temps pour voir si Jonas ne reflète pas votre propre image.

L'auteur

Leçon 1 L'Evangile au port de Joppé

Textes pour le moniteur: 2R.14:25; Ez.27:12; 33:1-11; Jon.1:1-11; 3:4; Jn.7:52; Ac.9:36-38; 10:8
Texte pour la classe: Jon.1:1-11
Texte d'or: Quand je dis au méchant: Méchant, tu mourras! Si tu ne parles pas pour détourner le méchant de sa voie, ce méchant mourra dans son iniquité, et je te redemanderai son sang. Ez.33:8
But: Montrer le plan de Dieu pour sauver les païens.
Méthodes: Débats, questions

Introduction
La corruption battait son plein à Ninive, la capitale de l'Assyrie. Pour épargner ses habitants de la destruction, Dieu leur envoya le prophète Jonas pour les inviter à se repentir. Comment va-t-il s'y prendre pour accomplir sa mission? Pour aujourd'hui, contentons-nous d'avoir un portrait du prophète et de nous renseigner sur l'étendue de sa mission.

I. L'état moral de Ninive
   1. Les gens de Ninive étaient superstitieux et méchants. Dieu voulut leur infliger un châtiment exemplaire. Jon.3:8
   2. Cependant, Il tenait tout d'abord à les en prévenir car «le vœu de Dieu ce n'est pas que le méchant meure mais qu'il change de conduite». Jon.3:4; Ez.33:11

3. Il lui faut donc une sentinelle pour avertir Ninive. Si elle se repent, Dieu l'épargnera de son fléau. Autrement, le peuple et toute sentinelle négligente seront punis. Ez.33:1-6
4. Aussi leur dépêcha-t-il un messager. Son nom était Jonas. Jon.1: 2

II. Identité de Jonas le missionnaire de Dieu.
1. Il était originaire de Gath-Hépher, un village de la Galilée à environ une heure de marche de Nazareth. Les juifs ont bien erré quand ils nièrent la provenance d'un prophète de la Galilée. 2R. 14:24-25; Jn.7:52
2. Notre missionnaire devait certainement savoir parler la langue assyrienne; car il n'est dit nulle part qu'il s'était servi d'un interprète pour se faire comprendre.
3. D'ailleurs, il était bien renseigné sur sa mission et sur son itinéraire.
    a. Sa mission:
    Annoncer aux ninivites qu'ils avaient un délai de quarante jours pour se repentir. Jon.3:4
    b. L'itinéraire
    Il devait partir de Japho ou Joppé, aujourd'hui Jaffa, non loin de la Mer Méditerranée.
    Ac. 9:36-38; 10:8
    De là il passerait par Damas en Syrie. Il traverserait l'Euphrate et le Tigre dans les gués accessibles pour déboucher sur Ninive.

Conclusion
Puisque Dieu a un plan pour tous, même pour les méchants, aimons tous les hommes et soyons prêts à les secourir pour l'amour de Dieu.

Questions

1. Cochez les vraies réponses
    a. Jonas était né à __ Joppé __ Nazareth __ Gath-Hepher
    b. Ninive était une ville de __ La Syrie __ L'Assyrie __ La Palestine
    c. Dieu avait envoyé Jonas à __ Tarsis __ Ninive __ New York
2. Trouvez la vraie réponse:
Jonas était le premier prophète venu de __ Normandie __ Galilée __ Jérusalem
3. Trouvez la vraie réponse
    a. Dieu veut tuer tous les méchants.
    b. Dieu a peur des méchants.
    c. Dieu protège tous les méchants.
    d. Dieu veut la repentance des méchants.
4. Vrai ou faux
    a. Pour aller à Ninive il faut passer par Tarsis __ V __ F
    b. Jonas n'était pas bien renseigné sur sa mission. __ V __ F
    c. Jonas devait annoncer la destruction de Ninive dans 40 jours __ V __ F
    d. Les Ninivites étaient méchants __ V __ F

Leçon 2 L'Evangile vers Tarsis

Textes pour le moniteur: 2R.14:25; Ez.27:12; Je.23:23; Jon.1:1-11; Jn.7:52; Ac.9:36-38; 10:8
Texte pour la classe: Jon.1:1-11
Texte d'or: Ne vous y trompez pas: on ne se moque pas de Dieu. Ce qu'un homme aura semé, il le moissonnera aussi. Ga 6:7
But: Montrer que l'homme ne peut jamais déjouer le plan de Dieu.
Méthodes: Débats, questions

Introduction
Y a-t-il rien de plus simple que d'obéir à un ordre de Dieu? Demandez-le à Jonas.

I. Sa décision personnelle.
1. Il avait beaucoup de peine à laisser ses aises, ses préférences pour entreprendre une mission à l'encontre de ses intérêts. Ses préparatifs auraient pu se limiter à :
   a. Faire sa mallette
   b. S'occuper de son passeport et de ses frais de séjour.
   c. Demander la direction du Saint-Esprit pour le succès de sa mission.
2. Il préférait payer son billet pour partir à bord d'un bateau faisant voile pour Tarsis. Ce pays de l'Europe était réputé pour le commerce du plomb, de l'étain, du fer et de l'argent. Ez.27:12; Jon.1:3. Le ticket devrait

lui couter cher pour deux raisons que vous pouvez bien imaginer :
a. La première, parce que pour traverser la Méditerranée de Jaffa à Tarsis, le voyage de port en port pourrait s'étendre sur une période d'un an.
b. La deuxième, c'est que le bateau ne pouvait quitter le port avant d'avoir rassemblé un nombre suffisant de voyageurs pour remplir toutes les couchettes. Ainsi puisque Jonas voulut précipiter le départ, il a dû payer toutes les places vacantes sur le bateau.
c. Il se vantait même devant les païens d'avoir à s'enfuir loin de la face de l'Eternel. L'instant d'après, il se jeta au fond du navire pour dormir. Pour lui, la partie était jouée. Mais il se trompait. Jon.1:10

II. Conséquences de cette décision.
1. Dieu menaça la vie de tout l'équipage par une violente tempête :
   a. Pour montrer son autorité sur les hommes et les choses. Il voit et sait tout. Je.23:23
   b. Pour punir les païens coupables de recel et de tolérance envers un homme qu'ils savaient coupable. Jon.1:4, 10
2. Les marins effrayés, implorèrent vainement leur dieu qui s'avérait impuissant devant le vrai Dieu. Jon.1:5
3. Pour sauver l'équipage, ils délestèrent le bateau en jetant beaucoup d'objets dans la mer. v.5

Mais tandis qu'ils consultaient leur liste et ils virent qu'il leur manquait un passager. C'était Jonas. Ils fouillèrent le bateau et trouvaient notre missionnaire plongé dans un profond sommeil au fond de la cale. Ils le réveillèrent et lui reprochèrent sa conduite. Ils ne pouvaient admettre cette attitude au moment où tous étaient en péril.
4. Finalement ils lui demandèrent d'invoquer aussi son Dieu ; leur but était d'attirer sur eux sa faveur. Jon.1:6

Leçons:
1. Quand Dieu nous envoie, nos intérêts personnels doivent être mis de côté. Autrement, nous aurons à payer cher les conséquences.
2. Quand vous voulez sciemment tromper l'Eternel, il vous mettra dans des situations dans lesquelles vous ne pourrez vous situer vous-même ni vous reconnaitre.
3. Dieu n'a que faire de vos préjugés et de vos prétentions.
4. C'est vous classer comme un missionnaire sans mission si vous exercez la discrimination envers les indigènes que vous devez évangéliser.
5. Jonas est ce style de missionnaire qui part en mission sans Bible, ni recueil de chants mais plutôt avec des revues, des vêtements de dernières modes pour impressionner les indigènes. Des démarches qui ne sauvent personne!

Conclusion
Retenez bien ceci : « On ne se moque pas de Dieu. »

Questions

1. Trouvez les vraies réponses
   Jonas avait refusé de se rendre à Ninive
   a. Parce qu'il ne savait pas parler la langue des assyriens.
   b. Parce qu'il était contre le salut des païens.
   c. Parce qu'il n'avait pas d'argent.
   d. Parce que ce voyage ne lui rendrait pas service.
   e. Parce qu'il devrait sacrifier ses propres intérêts.
2. Donnez les raisons pour lesquelles Dieu menaça l'équipage
   a. Il voulait tuer les païens coupables de recel.
   b. Il voulait mater la rébellion de Jonas.
   c. Il voulait démontrer qu'on ne peut pas le fuir.
   d. La tempête était soulevée par hasard.
3. Vrai ou faux
   a. Les dieux pouvaient calmer la tempête __ V __ F
   b. Le péché du prophète attirait un malheur sur les païens __ V __ F
   c. Dieu remboursait à Jonas ses dépenses de voyage. __ V __ F
   d. Fuir Dieu c'est fuir ses bénédictions mais non ses châtiments. __ V __ F

Leçon 3 L'Evangile au fond du navire.

Textes pour le moniteur: Jon.1:1-11
Texte pour la classe: Jon.1:1-11
Texte d'or: Car le nom de Dieu est blasphémé parmi les païens à cause de vous, ainsi qu'il est écrit. Ro.2:24
But: Montrer l'impuissance du témoignage du prophète devant des païens désespérés.
Méthodes: Débats, questions

Introduction
Nous avons assisté à l'angoisse des marins face à la perte probable de leur paquebot. Comment vont-ils en sortir?

I. Leurs démarches.
   a. Ils invoquèrent leur dieu qui n'intervint pas à l'heure du danger. Jon.1:5
   b. En vain jetèrent-ils à la mer beaucoup de marchandises pour alléger la cargaison.
   c. En vain voulurent-ils s'assurer que tous invoquèrent leur dieu. Puisque aucun d'eux n'a répondu, leur dernière chance à escompter était avec le Dieu de Jonas. Aussi réveillèrent-ils leur compagnon de route de son profond sommeil en lui enjoignant de prier son Dieu. Malheureusement, rien n'a changé et rien ne dit que Jonas avait prié. V.6
   d. Puisque aucun dieu n'a intervenu, ils décidèrent de prendre leur propre décision. Ils firent un tirage au sort pour savoir qui leur attirait ce malheur. Le sort

tomba sur Jonas! Autant dire que son mauvais témoignage met en danger la vie des incroyants. Quelle honte! V.7

e. Alors, ils le soumirent à un interrogatoire serré pour qu'il révélât sa vraie identité ainsi que des détails sur sa vie privée. En d'autres termes, ils lui demandèrent de remplir honnêtement et sans rature la forme d'immigration.

II. Révélation de sa vraie identité.
Jonas avoua qu'il était Hébreux, le serviteur du Dieu, maitre de l'univers. Cependant il a préféré voir les ninivites mourir dans leur péché plutôt que de les voir bénéficier des grâces de Dieu comme il en est pour Israël. 1:9

III. Les insinuations des marins
1. Ils voulurent que Jonas acceptât la paternité de leur malheur. v.11
2. Ils crurent que l'infidélité de cet homme de Dieu doive être punie. v.11
3. Ils le mirent en demeure de choisir lui-même la punition. v.11
4. Au fond, ils ne voulurent pas le jeter à la mer puisqu'ils ramaient pour gagner la terre ferme. 2:13

Conclusion
Mes amis, voyez dans quelle misère nous pouvons jeter une société à cause de notre négligence de remplir notre devoir! Si nous savons vraiment le prix d'une âme, acceptons le sacrifice de notre propre personne pour aller et prêcher.

Questions

1. Dites ce que firent les marins pour apaiser la mer. Cochez les bonnes réponses
   a. Ils jetèrent des bagages à la mer.
   b. Ils invoquèrent leur dieu.
   c. Ils jeunèrent et prièrent.
   d. Ils invitèrent Jonas à prier son Dieu.

2. Trouver les bonnes réponses.
   a. Pour atteindre Tarsis à partir de Jaffa il faut voyager pendant __ un mois __ un an __ huit semaines
   b. Pour apaiser la mer, Jonas demande __ qu'on l'envoie dans un autre bateau __ qu'on lui remette son argent __ qu'on le jette à la mer.
   c. Quand on a fait le tirage au sort, le sort tomba sur __Lysias __Jonas __ Mathias

3. Trouvez la vraie réponse:
   Quand Jonas dormait au fond du navire
   a. Son message sommeillait dans son cœur.
   b. Son message ne pouvait donc avoir un effet sur personne.
   c. Il était plus patriotique que prophète de l'Eternel.
   d. Les trois

4. Trouvez la meilleure réponse
    a. La présence du chrétien devrait faire du bien aux païens.
    b. La présence du chrétien devrait être une lumière pour les païens.
    c. La présence du chrétien devrait être passive devant les païens.
    d. On n'a pas besoin de prêcher aux païens; tout le monde ira au ciel car Dieu est plein de miséricorde.

Leçon 4 L'Evangile au fond de la mer

Textes pour le moniteur: Jon.2:1-11
Texte pour la classe: Jon.1:1-11
Texte d'or: La colère de l'Éternel ne se calmera pas jusqu'à ce qu'il ait accompli, exécuté les desseins de son cœur. Vous le comprendrez dans la suite des temps. Jé.23:20
But: Montrer comment Dieu contrarie les plans du prophète délinquant.
Méthodes: Débats, questions

Introduction
La décision du prophète d'être jeté à la mer, l'a-t-il libéré de sa mission?

I. La décision de Jonas
1. Il a déjà constaté combien de pertes matérielles ces gens ont subies à cause de lui car ils devaient jeter à la mer toutes leurs marchandises entreposées sur le pont et le tillac.
2. Il devrait déplorer le danger au-dessus de la tête de ces gens et dont il était l'auteur. Jon.1:12
3. Quant aux ninivites, notre missionnaire fit peu de cas de leurs âmes perdues. Il a préféré mourir que de les voir sauvés.
4. D'ailleurs, si Ninive ne se repentit pas, elle serait détruite. Ce serait un ennemi de moins pour Israël.

Avec cette idée en tête, il pouvait dormir tranquille au fond de la cale du navire.
5. Tandis qu'il se livrait à ces tristes réflexions, Dieu fit pression sur lui en agitant davantage les vagues de la mer. v11.
6. Au fort du malheur dont il se reconnaît l'auteur, il leur dit froidement: «Jetez-moi à la mer» Jon.1: 12
Mais pourquoi ne s'y jette-t-il pas lui-même au lieu de demander à quelqu'un de lui rendre ce funeste service? Il parait que Jonas est de cette catégorie de gens qui veulent commettre un forfait à condition qu'un autre en prenne la triste responsabilité.

II. La décision des mariniers
1. Ils commencèrent par éprouver une crainte pour le Dieu de Jonas. Ils oublièrent momentanément leur dieu pour invoquer celui de Jonas. Jon.1:14
2. Ils reconnurent l'autorité souveraine de ce Dieu sur tout et sur tous. Il peut faire ce qu'il veut, comme il le veut, quand et où il le veut. Il peut aussi exercer la miséricorde envers qui il veut.
3. Ils se reconnurent donc coupable d'avoir toléré Jonas dans son vice. Un acte de faiblesse qui leur coutait très cher. Jon.1:5b. Et pourtant le poids lourd à jeter n'était pas les marchandises mais un homme avec une conscience trop chargée; et cet homme était un chrétien avant la lettre : Jonas
4. Ainsi, ils implorèrent la pitié de Dieu sur eux. Jon.1:14
5. Ils jetèrent Jonas à la mer et le calme revint aussitôt.

6. Dès lors la crainte de l'Eternel s'empara d'eux. Ils offrirent à Dieu un sacrifice d'actions de grâce et lui firent des promesses. Jon.1:16

Conclusion
Si Dieu vous envoie en mission chez un peuple autrefois ennemi, allez-vous obéir en allant le sauver?

Questions

1. Choisissez la bonne réponse
   a. Jonas offrit de compenser la perte des marchandises.
   b. Jonas se mit en peine pour le danger qui menaçait les mariniers.
   c. Jonas proposait qu'on le jetât à la mer.

2. Choisissez la bonne réponse.
   a. Jonas douta qu'on put le jeter à la mer.
   b. Il savait qu'il pouvait nager jusqu'à la dérive.
   c. Il préférait mourir que d'aller et prêcher la Parole.

3. Choisissez les bonnes réponses.
   a. Les mariniers invoquèrent vainement leur dieu.
   b. Ils invoquèrent vainement le Dieu de Jonas.
   c. Ils sont devenus conscients qu'ils ne devaient pas tolérer le coupable.

4. Choisissez la bonne réponse.
   Quand les païens virent le retour au calme
   a. Ils offrirent un sacrifice à leur dieu.
   b. Ils offrirent un sacrifice au Dieu de Jonas.
   c. Ils offrirent un sacrifice à la patrie.
   d. Ils offrirent un sacrifice à un dieu inconnu.

Leçon 5 Le missionnaire à la merci des flots

Textes pour le moniteur: Jon.2:1-11
Texte pour la classe: Jon.2:1-11
Texte d'or: Je le sais, o Eternel! La voie de l'homme n'est pas en son pouvoir; Ce n'est pas à l'homme quand il marche à diriger ses pas. Je.10:23
But: Donner une peinture du caractère du prophète.
Méthodes: Débats, questions

I. **Une situation de fortune**
   1. Il était libéré de la pression des marins.
   2. Dieu lui envoie un taxi-nautique pour l'amener à la destination de Dieu. Ainsi il passera trois jours et trois nuits en résidence surveillée. Dans ce cas, c'est Dieu qui paie le taxi. Jonas n'a qu'à économiser son petit argent mais il doit se résigner d'avoir perdu tout le prix du billet de voyage à Tarsis sans aucune chance d'être remboursé.
   3. Néanmoins, Il loue l'Eternel pour sa nouvelle situation. 2:3-11

II. **Une situation qui identifie le prophète**
   1. Comme un homme de foi.
      a. Il sait qu'avec l'Eternel il pouvait dormir tranquille au sein de la tempête. Jon.1:5
      b. Il sait qu'en le jetant à la mer, la tempête se calmera. Jon.1:12

c. Il accepte la punition de Dieu car il croit aussi en sa miséricorde. «La délivrance vient de l'Eternel» Jon. 2:10b
   d. Il sait qu'il sera libéré du ventre du monstre s'il offre à Dieu des actions de grâces. Effectivement, Dieu ordonna au poisson de «vomir» son étrange passager. 2:10-11

2. Comme un homme de courage.
   a. Il n'avait pas peur de s'aventurer par terre ou par mer pour un long voyage au milieu des païens. Jon.1:2
   b. Il ne craint pas la tempête, autant dire l'adversité, les attaques des pirates sur mer ou des brigands sur terre. Soit dit en passant, Jonas est de ces gens à qui on ne peut faire entendre raison. C'est seulement en face des conséquences malheureuses de leurs actions qu'ils reconnaissent leur erreur.

3. Comme un homme très véridique
   Son nom Amitthai, fils de la vérité l'indique bien.
   a. Il dévoile rapidement aux bateliers qu'il fuyait loin de la face de l'Eternel. Il a décidé de chuter. Jon.1:3,10
   b. Il dira toute la vérité aux ninivites savoir «que vous avez un délai de 40 jours pour vous repentir». Jon.3:4
   c. Il avouera à l'Eternel son mécontentement pour avoir voulu sauver des païens. Jon.3:10;4:1

III. Une situation qui fait réfléchir
1. Dieu arrêta la digestion du poisson; autrement notre missionnaire serait réduit en déchet.
2. La Bible parle d'un grand poisson qui ne doit pas être une baleine car la gueule de ce cétacé est trop petite pour avaler un homme.
3. Jésus compare l'incident de Jonas à son séjour prochain dans la tombe. Retenez que les orientaux comptent une portion du jour pour un jour complet. Aussi ne faut-il pas prendre à la lettre cette expression idiomatique hébraïque et voir cet évènement avec l'esprit occidental.
   Au fait, aucun juif n'a contesté cette durée de trois jours.

Conclusion
Qu'il est beau de savoir que Dieu nous aime et nous utilise malgré nos défauts! Son plan et son plan seul sera réalisé. Disons donc « Seigneur, que ta volonté soit faite ! »

Questions

1. Trouvez la vraie réponse.
    a. On a remboursé à Jonas la moitié des frais du voyage.
    b. Jonas fut transféré dans un autre bâtiment.
    c. Les mariniers n'ont rien donné à Jonas.
2. Choisissez les réponses convenables.
    a. Jonas était conscient de son péché.
    b. Jonas croyait que les païens étaient cause de ce malheur.
    c. Il comprenait que Dieu le punissait à cause de sa désobéissance.
4. Choisissez la meilleure réponse
    a. Dieu parla au poisson
    b. Dieu seul pouvait parler à un poisson.
    c. Dieu passa des ordres au poisson.
5. Trouvez la vraie réponse.
    a. Jonas aimait l'aventure
    b. Il était entêté
    c. Il aimait la piraterie
6. Vrai ou faux
    a. Dieu bloqua tout le système digestif du poisson pendant trois jours et trois nuits pour épargner Jonas. V__ F__
    b. Le poisson était une baleine. __ V __ F
    c. Jonas passa trois jours et trois nuits à l'hôtel. __ V __ F

Leçon 6 L'Evangile dans le ventre du poisson

Textes pour le moniteur: Jon.2:1-11
Texte pour la classe: Jon.2:1-11
Texte d'or: S'ils se cachent au sommet du Carmel, je les y chercherai et je les saisirai; s'ils se dérobent à mes regards dans le fond de la mer, là, j'ordonnerai au serpent de les mordre.
Am. 9:3
But: Montrer que nul ne peut mystifier l'Eternel. Sa décision est irrévocable.
Méthodes: Débats, questions

Introduction
Nous avons vu la décision folle du prophète de se dérober à sa mission. Est-il plus intelligent que Dieu? Va-t-il y parvenir?

I Intervention de Dieu
1. Quand Jonas fut jeté au milieu de la mer Méditerranée Dieu l'a sauvé de justesse de la mort en lui envoyant un poisson-taxi.
2. Il l'a sauvé à cause de sa réputation.
3. Il l'a sauvé à cause de son message qui ne pouvait être «noyé» à la faveur de la désobéissance d'un missionnaire délinquant.

4. Il veut lui signifier que l'homme propose et que Dieu dispose. La destination ne sera jamais selon nos désirs mais plutôt selon sa volonté.

II. L'itinéraire suivi par le poisson.
1. Dieu a discontinué le parcours du prophète vers Tarsis. Désormais il aura un poisson pour bateau et Dieu pour capitaine. Devant l'imminence du danger qui menaçait les ninivites, Dieu aurait-il ordonné au poisson de vomir Jonas à Joppé ou de continuer la route du milieu de la Méditerranée pour le débarquer sur la plage de Ninive? Je veux opter pour cette seconde opinion. Pour votre édification, il vous faut retenir que le canal de Suez pour relier la Méditerranée au Golfe Persique n'existait pas encore. Ce couloir maritime de 195 kilomètres de long fut percé seulement en 1869 par le diplomate français Ferdinand de Lesseps, soit 2700 ans plus tard. Ainsi le trajet parcouru par le poisson serait celui-ci:
2. Il partit du milieu de la mer Méditerranée avec à son bord un seul passager.
Il franchit le Détroit de Gibraltar entre l'Afrique du Nord et l'Espagne, passe à côté des îles Canaries, salue les côtes de la Mauritanie, de Dakar, de Guinée, de Conakry, d'Abidjan, de Gabon, de Luanda, de Kinshasa, contourne le Cap de Bonne Esperance, refuse à sa droite l'Océan Indien toujours tumultueux pour traverser le canal du Mozambique entre l'Etat du Mozambique et l'île de Madagascar. Maintenant notre

poisson dirigeable doit refuser d'entrer dans la Mer Rouge pour virer vers le Golfe persique. Ainsi il a pu pénétrer dans le Détroit d'Ormose et débarquer finalement son «colis» sur la plage de Ninive. Trois jours et trois nuits de navigation! Là s'arrête sa mission. Il devait certes se retirer et laisser le prophète pour son compte. Le ticket n'était pas «aller-retour.» Notre voyageur devait se débrouiller pour retourner.
3. Jonas avait bien mérité ce voyage dans sa «cabine», je dirais un « efficiency » sans lit, sans toilette, sans confort, sans vue par la fenêtre, tout cela pour payer sa désobéissance. Il devait y rester sans pouvoir dormir et dans sa frayeur il implorera sur lui la miséricorde de Dieu. Le voilà débarqué sain et sauf sur la plage de Ninive!

Conclusion
Nulle créature n'est cachée aux yeux de Dieu. Hé.4:13 Remettez-lui le volant de votre destinée. Il saura comment vous faire parvenir sain et sauf à destination.

Questions

1. Situez le lieu où Jonas fut jeté à la mer.
   __ Dans l'Artibonite __ Dans la mer Méditerranée __ Dans le canal de Suez.
2. Cochez la vraie réponse
   Le canal de Suez fut percé en__ 2009 __en 1789 __ en 1869
3. Le canal de Suez fut percé par __ le président du Brésil __ Ferdinand de Lesseps __ le président d'Haïti
4. Citez 5 endroits probables sur le parcours du poisson.
5. Vrai ou faux
   a. Jonas priait dans le ventre du poisson __ V __ F
   b. Jonas dormait tranquille dans le ventre du poisson _ V _ F
   c. Dieu imposait sa volonté à Jonas __ V __ F
   d. Dieu dirigeait le poisson. __ V __ F
   e. Jonas a fait escale à Kuweit pour boire un soda. __ V __ F
   f. Le poisson attendait Jonas sur la plage de Ninive _ V _ F

Leçon 7 Prière du prisonnier dans sa cellule

Textes pour le moniteur: Jon.2:1-11
Texte pour la classe: Jon.2:1-11
Texte d'or: Mais Dieu sauve le malheureux dans sa misère et c'est par la souffrance qu'il l'avertit. Job.36:15
But: Montrer l'action du Dieu de la deuxième chance.
Méthodes: Débats, questions

Introduction
C'en est fait de Jonas. Le voilà accueilli par un grand monstre marin aux yeux grands et aux dents pointues. En sortira-t-il? D'ailleurs, quels furent les motifs de sa détention? Quelles sont maintenant les démarches à entreprendre pour libérer le prévenu de son cachot?

I. Causes de son emprisonnement.
   1. Situation dans le ventre du poisson
      Jonas avait choisi lui-même son genre de sanction. «Jetez-moi à la mer» disait-il aux mariniers. Il oubliait que les habitants de la mer, en général, les poissons, seraient les seuls à le recevoir et que le traitement à lui offrir serait différent.
      a. Il est jeté dans son «Fort Dimanche» sans un ordre d'arrestation écrit.
      b. Là dans sa cellule, il n'aura pas l'avantage de consulter personne pour intenter des démarches de libération.

c. L'endroit était dépourvu de tout confort: pas de toilette, pas de salle de bain, pas de lit, pas d'appareils de radio ou de télévision. Peut-être a-t-il oublié qu'il était locataire d'une prison pas comme les autres.
d. C'est là qu'il s'est rendu compte, mai un peu tard, qu'il est un condamné pour crime de haute trahison.
e. Il a compris maintenant que dans aucun pays du monde, un diplomate n'a pas le droit de changer volontairement de destination sous peine de mort.
f. Il vient de trahir la mission du plus grand roi. Et ce grand roi c'est Dieu que lui-même a reconnu comme « le maitre du ciel et de la terre ». Jon.1:9.
g. Il ignorait qu'on peut fuir loin des bénédictions de l'Eternel mais jamais loin de sa face. Jon.1:10; Amos.9:3
h. Voyant que sa prison n'avait qu'une porte, la gueule dentée du poisson, Jonas admit qu'il doit jouer perdant.

II. La détresse du prisonnier

Jonas comprit la gravité de son acte et les conséquences de sa décision superficielle. Quant au poisson, il avait pris sa mission très au sérieux: Il était parti à toute vitesse vers sa destination sans prendre soin d'épargner son passager des chocs ou des secousses brutales.

1. Jonas nous dit qu'il se reconnait dans l'abime. 2:4
2. Il était balloté par les vagues. Les eaux menaçaient sa vie. V.6
3. Il ne pouvait s'asseoir tranquillement dans sa cellule.

4. Il est descendu aux racines des montagnes. V.7 C'est à ce moment précis qu'il prend Dieu au sérieux. «Dans sa détresse, il invoqua l'Eternel.»
5. Il était angoissé par l'absence de Dieu. Il se croyait chassé loin de son regard. Jonas connut des heures noires sans soleil, sans lune, sans lumière. Aucune chance de liberté provisoire. Aucun avocat pour pencher sur son cas.

III. Les conséquences de sa détresse:
1. A l'égard de lui-même
   a. Il se souvint de l'Eternel. V.8
   b. Il se souvint de l'Eglise. «Je verrai ton saint temple. 2:5
   c. Il vient de «poster» sa prière à l'adresse même de Dieu: Son Saint Temple. V.8

2. A l'égard des païens
   a. Il promet de s'inscrire comme un «attaché» de l'Eternel et il tient à lui prouver sa loyauté en déployant une haine implacable contre les idolâtres. Jon.2:9
   b. Il prie Dieu de les exterminer sans miséricorde.

3. A l'égard de Dieu
   a. Il promet d'être reconnaissant envers Dieu.
   b. Il va offrir des sacrifices à l'Eternel.
   c. Il va offrir des actions de grâces en criant «Béni soit l'Eternel». Jon.2:10

d. Il promet de remplir ses engagements envers Lui.
V.10
   Ces conditions une fois remplies, il peut croire à la délivrance de Dieu. V.10

IV. Résultat:
1. Quand Dieu «lut la lettre de Jonas», il en était touché. Immédiatement, il envoie au poisson un ordre de mise en liberté du prisonnier.
2. Le poisson vomit Jonas sur la plage de Ninive et se retira aux fonds des eaux. Mission accomplie.

Conclusion
Sachez-le bien: Dieu est à la tour de contrôle. L'homme s'agite et Dieu le mène. Ne soyez point sage à vos propres yeux.

Questions

1. Cochez la vraie réponse
   Dans le ventre du poisson Jonas était logé comme __ un missionnaire __ un diplomate __ un détenu __ un pensionnaire
2. Cochez les vraies réponses.
   a. Jonas était coupable de crime de haute trahison.
   b. Il a trahi la cause la plus noble
   c. Il a trahi un roi qui lui fit confiance
   d. Il fuyait les bénédictions de Dieu
   e. Il ne pouvait fuir son châtiment.

3. Cochez les vraies réponses.
   a. Le poisson a battu le record de la vitesse pour couvrir ce trajet en trois jours.
   b. L'animal obéissait à Dieu là où un missionnaire a désobéi.
   c. Jonas devait regretter sa légèreté.
4. Vrai ou faux
   a. Jonas décida de se repentir __ V __ F
   b. Il promit de donner une offrande sacrificielle. __ V __ F
   c. Il promit à Dieu un bateau missionnaire. __ V __ F
   d. Dieu lui demande de déposer une avance. __ V __ F
   e. Le poisson servait à payer les frais de séjour du prophète. __V__F

Leçon 8 L'Evangile sur sa base initiale de lancement

Textes pour le moniteur: Jon.3:1-10, 1Co.9:7-18
Texte pour la classe: Jon.3:1-10
Texte d'or: Si j'annonce l'Evangile, ce n'est pas pour moi un sujet de gloire, car la nécessité m'en est imposée, et malheur à moi si je n'annonce pas l'Evangile! 1Co.9:16
But: Montrer l'impact de son message
Méthodes: Débats, questions

Introduction
Voilà Jonas enfin devant une mission très difficile. Comment va-t-il l'assumer?

I. Stratégie missionnaire de Dieu
Dieu veut que sa Parole fasse impact sur les ninivites. Que fit-il?
1. Il débarqua Jonas « d'un sous-marin » de dernier modèle. Les gens de Ninive devraient en être très impressionnés.
2. Dieu leva la tête de son « diplomate spirituel » devant les païens. Ceux-ci n'ont pas tardé à croire en l'autorité que Dieu confère à son légataire. Jon.3:5
3. Cette entrée triomphale, exceptionnelle sur le territoire d'un roi méchant, constitue pour le prophète sa lettre de créance. Il est donc divinement accrédité.

II. Stratégie missionnaire de Jonas

1. Il ne recherche pas son confort cette fois-ci. L'expérience du séjour dans le ventre du cétacé était trop fraiche à sa mémoire.
2. Il fit d'abord une exploration de la ville en jetant sur son passage cet avertissement solennel: «Encore quarante jours et Ninive sera détruite !». Jon.3:4

Conséquences:
   a. Le message était compris parce que les Assyriens étaient reconnus pour leur brutalité, leur atrocité aux prisonniers. En effet, ils savaient leur couper les têtes et les empiler dans leur ville aux pieds d'Assur, leur dieu auquel ils attribuaient leur victoire.
   b. Cette fois-ci, les ninivites crurent en Dieu. Ils publièrent un jeûne et se revêtirent de sacs depuis les plus grands jusqu'aux plus petits. Jon.3:5
   c. Le roi, mis au courant de la nouvelle, publia un jeûne national où les hommes et les bêtes devaient être couverts de sacs et de cendres. Jon.3:7-8

III. Résultats
   1. Positif: Dieu détourna d'eux sa colère. Ninive était sauvée. Jon.3:10
   2. Négatif: Jonas, au contraire en était fâché. Le premier missionnaire aux païens était attristé à cause de la conversion des pécheurs ! Jon.4:1
   3. Il en reprocha l'Eternel. Jon.4:2
   4. C'est alors qu'il lui dévoila la raison de sa fuite vers Tarsis. La mort lui aurait été préférable au salut des païens. Jon.4:2-4

5. Nous verrons plus loin comment Jésus félicite l'econome infidèle pour avoir fait des amis avec des richesses injustes. L'Evangile en effet, est une richesse injuste, c'est-à-dire une richesse abondante que vous possédez sans effort et dont vous ne serez appauvri en la partageant. Le livre de Jonas est donc un reproche au peuple d'Israël, détenteur de la Parole et qui refuse de la partager.

Conclusion
Si vraiment vous blâmez le comportement de Jonas, il est temps de vous déloger de votre égocentrisme pour aller et prêcher la parole. Jonas du troisième millénaire, Dieu vous attend!

Questions

1. Trouvez la meilleure réponse.
    b. Dieu débarqua Jonas près d'un presbytère.
    c. Dieu ordonna au poisson de vomir Jonas sur la plage de Ninive.
    d. Dieu ordonna au poisson d'attendre Jonas.
4. Trouvez les vraies réponses
    a. Dès son arrivée, Jonas loue une chambre de motel.
    b. Il explora la ville.
    c. Il prêcha la repentance au peuple.
5. Trouvez la réponse qui caractérise le mieux les ninivites.
    a. Ils étaient dociles.
    b. Ils étaient brutaux et cruels.
    c. Ils mirent Jonas en prison.
6. Trouvez la réponse qui caractérise le mieux l'attitude de Jonas
    a. Il était d'accord avec Dieu pour le salut des païens.
    b. Il refusa de prêcher à tout le monde.
    c. Il reprocha Dieu pour sa trop grande bonté.
7. Vrai ou faux
    a. L'Évangile est une richesse injuste __ V __ F
    b. Jonas était le premier missionnaire aux païens __ V __ F
    c. Dieu était très patient avec Jonas. __ V __ F

Leçon 9 L'Evangile et l'obstination du prophète.

Textes pour le moniteur: Jon.3:1-10; Mt.11:28; 28:19-20; Ep.4:11; 6: 13b; 1Ti.3:2; He.11:40
Texte pour la classe: Jon.3:1-10
Texte d'or: Il n'est pas de soldat qui s'embarrasse des affaires de la vie, s'il veut plaire à celui qui l'a enrôlé. 2Ti.2:4
But: Montrer comment Dieu combat l'attitude négative du prophète après un si grand réveil.
Méthodes: Débats, questions

Introduction
Tout autre que Jonas aurait félicité Dieu pour l'avoir utilisé dans une mission de si grande envergure. Quel était son comportement?

I. Son isolement. 4:1, 5
1. Après le réveil, il ajourna son départ et construisit une maisonnette à l'Est de la ville. Il signifie par là son état de rébellion puisque l'Est est la direction opposée au chemin du retour. Jon.4:5
2. Il y resta aussi pour voir si enfin le peuple n'allait pas retourner à son ancienne vie en vue de mériter la colère de Dieu. Jon.4:5b
Cette décision serait une victoire pour Jonas. Jon.4:5
3. Cependant, Dieu suit de près son prophète. Jonas parait-il, était chauve. Dieu a fait croître un ricin pour l'abriter à l'ombre. Ainsi avec une maison et une cour

aménagée, que lui faut-il de plus ? Jonas en était content. Jon.4:6 Le lendemain, Dieu envoya un ver pour ronger le ricin qui sécha très rapidement.
4. Le prophète en était fâché et manifesta ouvertement son mécontentement envers l'Eternel. Jon.4:9

II. Les leçons du ricin:
1. Dieu ne nous envoie pas en mission pour jouir des vacances. Certains missionnaires ne quitteront pas leur pays pour servir dans un endroit dépourvu de confort moderne, d'air conditionné, d'électricité, de service postal régulier, d'internet, d'aéroport, de routes carrossables. Ils veulent avoir le ricin affectif sur la tête: leur TV, leur crème glacée, les stations balnéaires et les parcs pour leur pique-nique.
2. Ce n'est pas à nous de choisir l'heure et le lieu de notre retraite. Notre sécurité sociale dépend de lui. Dieu a toujours pour nous les choses les meilleures. Hé.11: 40
3. Le vers qui ronge le ricin symbolise les souffrances (maladie subite, faillite, banqueroute, récession, incidents imprévus…) que Dieu nous envoie pour consumer notre énergie et nous réduire à l'obéissance.
4. Ce vers nous empêchera de prendre les rues pour sonner la trompette de notre gloriole.
5. Le ricin constituait donc un abri provisoire, une période de transition avant la deuxième étape de notre mission.

III. La deuxième étape.

Les gens une fois convertis auront besoin de formation spirituelle et biblique. Mat. 11:28; 28:19-20

Il leur faudra:
1. Un lieu de culte pour adorer.
2. Un pasteur indigène pour prêcher dans la langue du peuple. 1Ti.3:2
3. Une classe de baptême pour la formation doctrinale des nouveaux croyants. Mat. 11:29
4. Une Ecole Biblique pour la formation des prédicateurs laïques. Ep.4:11
5. Un séminaire théologique pour la formation des pasteurs. Ep.4:11
6. Une Université pour la formation des docteurs et pour d'autres disciplines théologiques. Ep.4:11
7. Et que dire des besoins socioéconomiques du peuple?
   Dieu a bien fait d'envoyer un vers de détresse pour détruire le ricin de la complaisance et de la satisfaction du missionnaire sans vision.

Conclusion

Remercions Dieu pour les persécutions, pour les problèmes qui pourraient survenir après un réveil ; car nous avons toujours besoin d'un réveil après un réveil. Tenons donc ferme après avoir tout surmonté. Ep. 6:13b

Questions

1. Soulignez la réponse qui convient.
    a. Jonas félicite Dieu pour le succès de sa mission.
    b. Jonas est déprimé à cause du succès de sa mission.
    c. Jonas se fâche tant qu'il retourne à la plage pour attendre le retour du poisson.
2. Choisissez la réponse qui convient.
    a. Jonas reste au cœur de la ville pour attendre la rechute des païens.
    b. Jonas cherche un job d'occasion pour tuer le temps.
    c. Jonas construit une maisonnette à l'Est de la ville.
3. Choisissez les bonnes réponses.
    a. Dieu fit croire un ricin pour pourvoir de l'ombre à Jonas.
    b. Dieu détruit le ricin subitement.
    c. Dieu voulut montrer à Jonas ce qui importe pour une mission et un missionnaire.
4. Choisissez les réponses les plus pratiques :
    Une bonne mission consiste à
    a. Prêcher l'évangile en tenant compte de la culture du peuple.
    b. Former des ouvriers dans la langue du peuple.
    c. Développer le commerce pour soutenir le quartier général de la mission.
    d. Etablir des ouvriers indigènes pour faire le travail.
    e. Créer un mode de vie pour les indigènes.

Leçon 10 Jonas et Simon fils de Jonas

Textes pour le moniteur: Ac.10:11-16, 24, 48; 11:17-18; 2Pi. 1:1
Texte pour la classe : Ac.10 :1-8
Texte d'or : J'entendis la voix du Seigneur disant : Qui enverrai-je, et qui marchera pour nous ? Je répondis : me voici, envoie-moi. Es.6 :8
Méthodes : Discussion, questions
But : Montrer que Dieu nous mesure non à notre connaissance, mais à notre obéissance.

Introduction
Savez-vous que Joppé a reçu deux missionnaires ? C'était Jonas et Pierre. Mais savez-vous aussi que leur réaction face à leur mission était différente?

I. Jonas et Pierre
1. Pierre était identifié par Jésus comme Simon fils de Jonas. Sa mission était de laisser Joppé pour aller à Césarée en vue de prêcher à Corneille, un païen.
2. Il avait d'abord refusé de s'y rendre parce qu'il était retenu par cette déclaration du Seigneur, savoir « J'étais envoyé vers les brebis perdues de la maison d'Israël. » Mt.15 :24
3. Pour le convaincre, Dieu lui parla dans un songe. Et le voici : "Il a vu une grande nappe descendue du ciel sur laquelle était servis des quadrupèdes, des reptiles et

des oiseaux du ciel. Dieu tonna sa voix en lui disant : Pierre, tue et mange. Par trois fois, il a refusé d'obéir à cet ordre. Finalement, Dieu l'a persuadé en lui signifiant que ces animaux impurs symbolisent les païens de toutes les nations qu'il devait évangéliser. Ac.10: 11-16.
4. Aux reproches des apôtres sur son agissement, Pierre leur déclara que Dieu ne fait acception de personne, au point qu'il accorde aussi le don du Saint Esprit aux païens. Ac.11:17-18
5. Dès lors, il se lance d'emblée dans la carrière missionnaire.
6. On l'a déjà vu en mission auprès de Dorcas. Ac.9 : 40-41
7. Il écrira à ceux qui ont en partage une foi du même prix que celle des juifs. 2Pi.1:1

Résultats :
Corneille s'est converti et il exposa les membres de sa famille et ses amis à la Parole. Ac.10. 24, 48

Conclusion
Pierre obéissait à Jésus-Christ. Jésus l'avait identifié comme Simon, fils de Jonas. S'il descendait de celui-ci par le sang, je ne sais; du moins, il ne l'a pas imité. Pourquoi vous? J'entends Pierre qui dit: « Il faut obéir à Dieu plutôt qu'aux hommes» Et vous, qu'en dites-vous?

Questions

1. Trouvez la vraie réponse
   _____ était missionnaire aux ninivites
   _____ était délégué pour prêcher à Corneille
1. Trouvez la vraie réponse
   Le bateau de Jonas s'appelait _____ La Baleine
   ___ Un monstre marin _____ Niniva
2. Cochez la vraie réponse
   Quand Pierre pria
   a. La pluie tomba en abondance.
   b. Les païens le félicitèrent pour sa bonne prière
   c. Le Saint Esprit descendit sur eux tous.
3. Cochez la bonne réponse
   A sa conversion,
   a. Le capitaine Corneille donna à Pierre un revolver pour sa protection
   b. Il lui paie pour avoir reçu le Saint Esprit.
   c. Il se mit à genoux devant Pierre le réclamant comme pape.
   d. Pierre refusa ce genre d'honneur.
4. Vrai ou faux
   a. Jonas n'aimait pas les païens ___ V __ F
   b. Pierre aimait tous les païens __ V __ F
   c. Pierre leur prêchait l'Évangile par amour pour Dieu
   __ V __ F

Leçon 11   L'Evangile dans la barque universelle.

Textes pour le moniteur: Mt.1 :39 ; 8 :14-17 ;
12 :41 ; Mc.5:21 ; Lu.2 :39 ;9 :51 ;
Jn.3:16 ; 12 :32 ;14 :3, 14 ; Ac.1 :11; Ro.8 :1 ;
1Pi.3 :19
Texte pour la classe: Jn.3:1-10
Texte d'or: Il s'est humilié lui-même, se rendant obéissant jusqu'à la mort, même jusqu'à la mort de la croix. Ph.2:8
But: Montrer comment Jésus a obéi fidèlement à sa mission.
Méthodes: Débats, questions

Introduction
Il n'y a pas un message, pas une conversation où Jésus ne fait référence à son Père. Quelle obéissance ?... Si Jonas savait?...

I. Sa vocation à l'âge de 12 ans
Il était à Jérusalem après l'examen doctrinal obligatoire quand Marie et Joseph le cherchaient vainement. Il leur signifiait sa mission en ces termes :
1. « Ne saviez-vous pas qu'il faut que je m'occupe des affaires de mon Père?» Lu.2: 49 N'allez pas me dire qu'un adolescent ne peut pas assumer des responsabilités!

II. Sa vocation à l'âge de 30 ans
1. Il sortit pour aller et prêcher. Mc.1:39
2. Il traversa les mornes et les vallées. Lu.22:39

3. Il navigua sur la mer. Mc.5:21
4. Il remplit sa mission auprès des malades, des aveugles, des paralytiques. Mt.8:14-17
5. Il n'a pas peur de prendre le risque de la mort pour sauver les juifs et les païens. Jn.3:16; Lu.9:51

III. Sa vocation dans le ventre chaud de la terre

Pierre nous dit « qu'il était allé prêcher aux esprits en prison ». Qui étaient-ils? 1Pi.3 :19-20

a. C'était les moqueurs, les incrédules du temps de Noé qui ne voulurent pas entrer dans l'arche. 1Pi.3 :20

b. Ils périrent noyés en ce temps-là ; mais tout n'était pas fini encore: ils devaient attendre leur jugement. 1Pi.3:19-20

c. Le message de Jésus à ces esprits n'était pas le Euanggelio, c'est-à-dire un message prêché en vue de la repentance, mais un kerusso, une proclamation pour consacrer leur état de perdition et leur jugement.

IV. Sa vocation dans le ciel

Il est monté au ciel avec son corps. Ac.1:11
1. Pour rester sensible au besoin des rachetés. Jn.14:14
2. Pour protéger les chrétiens vivant dans ce corps, et toujours exposés au danger. Mt.28:20
3. Pour faire de la place aux pécheurs repentants. Jn. 12:32; 14:3
4. Pour déjouer les attaques du malin lancées contre eux. Ro.8:1

Conclusion

L'évangile est cette barque universelle dans laquelle Jésus propage le message de la grâce, du pardon, de la paix et du salut. Allez-vous imiter Jonas dans sa lâcheté ou bien suivre Jésus dans sa mission? Ecoutez : Il y a ici plus que Jonas. Mt.12 :41

Questions

1. Donnez la vraie réponse.
   a. Jésus commençait son ministère privé à l'âge de __ 21 ans __ 30 ans __ 12 ans
   b. Le père de Jésus s'appelait __ Joseph __ Abraham __ Dieu
   c. Jésus commençait son ministère public à __ 19 ans __ 33 ans __ 30 ans

2. Donnez la vraie réponse.
   a. Jésus obéissait à son père jusqu'à un certain point
   b. Il obéissait à son père conditionnellement
   c. Il obéissait à son père jusqu'à la mort.

3. Donnez la réponse convenable
   Jésus prêcha aux esprits du temps de Noé
   a. Pour fermer leur dossier
   b. Pour les porter à la repentance
   c. Pour signifier leur jugement et leur condamnation

4. Trouvez les réponses qui conviennent
   Jésus est monté au ciel avec son corps
   a. Pour rester semblable à nous
   b. Pour mieux correspondre avec les hommes comme lui.
   c. Pour être mieux reconnu à son avènement.
   d. Pour être toujours sensible à tous nos besoins.
   e. Il va l'utiliser pour revenir à nous de la même manière.

Leçon Spéciale Fêtes des Mères et des Pères

Sujet: Le fondement de la famille

Textes pour le moniteur: Ge. 2: 23; 3:20; 4:17; 12:16; 16:3; 25:28, 27:6-13,41-42; 37:3-4, 20, 24, 26-28; 36: 1, 8, 12, 16; Ex.17:8, 16; Mt.5:27-28; 19:6; Ac.17:26; Ep.5: 22, 33; 6:4
Texte pour la classe: Ep.6:1-4
Texte d'or: Et vous pères, n'irritez pas vos enfants, mais élevez-les en les corrigeant et en les instruisant selon le Seigneur. Ep.6:4
Méthodes: Discours, discussion, questions
But : Défendre l'intégrité de la famille

Introduction
Tout a eu un commencement. Dieu créa l'homme et la femme. Il les bénit en disant: «Croissez, multipliez, remplissez la terre. Dès lors, la famille était fondée. Voyons aujourd'hui son évolution.

I. Le foyer d'abord
Dieu a commencé l'humanité avec la création de l'homme et de la femme. Avant même la naissance des enfants comme les fruits normaux de leur mariage, Adam donnait un nom à sa femme. Il l'appelait Isha ou homme femelle. Plus tard il l'appellerait Eve qui signifie «dispensatrice de la vie» Ge. 2: 23; 3:20 Quand tout va bien, combien de surnoms ne donne-t-on pas à sa femme?

II. La famille ensuite

Les enfants sont là maintenant. Le foyer devient une famille. La responsabilité des couples devient plus grande et partant, plus délicate. Les désirs de la femme qui devraient être portés vers son mari sont maintenant partagés avec les enfants aux soins desquels les deux sont redevables. Cependant, quand la famille est trop nombreuse, les enfants sont facilement laissés pour leur compte. On verra dans la suite comment Abel a suivi les enseignements au culte de famille tandis que Caïn, un homme imperméable aux exhortations, a désobéi: Il a tué son frère Abel et part se cacher dans une ville qu'il a bâtie avec le concours de ses enfants. Aucun d'eux n'avait pu lui conseiller le contraire. Il faut beaucoup de bras pour bâtir une ville! Et tous ont accepté à la construire. Ils étaient méchants comme Caïn, leur père. Ge.4: 17

II. Enfin, la Société et les peuples

Les familles réunies forment la société. Tant vaut la famille, tant vaut la société. Joseph était toléré de son père Jacob qui lui-même était toléré de sa mère Rébecca. Et tout cela, au détriment des autres enfants. Quelle mauvaise éducation de famille! Ge. 25:28, 27:6-13; 37:3-4

Et comme conséquences, Jacob était haï de son frère Ésaü qui voulut le tuer pour avoir volé ses bénédictions. Ge.27: 41-42

Dans la suite, Ésaü épargnera Jacob, mais Amalek, son arrière-petit-fils, était devenu roi à la tête d'un peuple

toujours en guerre contre les fils de Jacob. Ge.36: 1, 8, 12, 16; Ex.17:8, 16
Quant aux frères de Joseph, ils l'ont haï à mort. Ils n'attendaient qu'une occasion favorable pour le supprimer. Ge.37: 3, 20, 24. Heureusement Dieu l'a sauvé de justesse. Ge.37:26-28

IV. Sa permanence
Par la procréation.
La famille se multiplie à la faveur des rencontres avec les peuples de la terre sans distinction. Cette possibilité existe encore parce que tous les peuples sont sortis d'un seul sang. Ac.17: 26 La polygamie était permise dans l'Ancien Testament. Ainsi l'homme pouvait avoir plusieurs femmes légitimes. Cette coutume est encore en vigueur chez les musulmans qui ont droit à quatre femmes légitimes. Elle est prohibée dans le Nouveau Testament par Jésus lui-même. Et cette mesure avait pour but de maintenir l'intégrité de la famille et de restaurer la dignité de la femme trop longtemps «chosifiée» par l'homme. Ge. 12:16; Mt.5:27-28
Remarquez que Sara n'en était pas consciente quand elle a demandé à son mari Abraham d'enfanter pour elle en allant vers sa servante Agar. Ge.16: 3. L'apôtre Paul aurait classé son acte parmi les plus immoraux. Autres temps, autre mœurs. Ep.5: 22, 33

V. Sa consistance
1. Dans la relation avec son auteur.
Dieu prévoit non seulement la permanence du foyer mais aussi sa consistance par l'éducation des enfants. Car la séparation des époux entraine automatiquement le démembrement de la communauté conjugale. Les premiers perdants sont les enfants. «Que l'homme ne sépare pas ce que Dieu a joint.» dit Jésus. Mt. 19:6
2. Dans l'éducation des enfants. La tache des parents est d'inculquer à leurs enfants l'éducation qu'ils avaient reçue des leurs. Ils doivent les élever en les corrigeant et en les instruisant. Les enfants sont alors les parents de demain dans une école d'apprentissage qui s'appelle: «la famille» Ep.6:4
3. Dans les rapports sociaux. L'homme est un animal sociétaire. S'il cherche à vivre en dehors de son monde, il devient sauvage. Il peut rechercher la solitude pour se recueillir avec tout son bon sens, mais pas l'isolement où l'âme communie avec le vide. Il n'est pas bon que l'homme soit seul. Il lui faut vivre parmi ses semblables pour rester homme.

Les familles peuvent être différentes de l'une à l'autre mais chacune a un auteur qui remonte à l'auteur de toutes choses et de tout homme.

Conclusion
Songeons à bien administrer notre communauté familiale car, au jour du jugement, il nous faut tous rendre compte de notre gérance en bien ou en mal. 2Co.5:10

Questions

1. Trouvez ici le nom donné par Adam à sa femme
   __ Anisha __ Natacha __ Isha __ Olicha

2. Trouvez ici la définition d'Eve
   __ Femme __ Evelyne __ Génératrice de vie __ Evodie

3. Trouvez ici les réponses convenables
   a. Caïn était toléré par ses parents
   b. Caïn était toléré par Dieu
   c. Caïn était mal élevé
   d. Caïn était méchant

4. Vrai ou faux
   a. Il faut un homme et une femme pour fonder un foyer __ V __ F
   b. Il faut un homme, une femme et un enfant pour avoir une famille __ V __ F
   c. A son réveil dans le jardin d'Eden Adam a vu Steve __ V __ F
   d. Joseph était l'enfant préféré de Jacob __ V __ F
   e. Jacob était l'enfant préféré d'Isaac __ V __ F
   f. Il est bon d'avoir un enfant préféré __ V __ F
   g. Amalek était l'arrière-petit-fils d'Ésaü __ V __ F
   h. Il faut battre les enfants pour les éduquer __ V __ F
   i. La maison est la première école des enfants __ V __ F
   j. Dieu est l'auteur de la famille __ V __ F

Récapitulation des versets

Leçons   **Sujets**   **Textes d'or**

1. L'Evangile au port de Joppé   Ez.33:8
Quand je dis au méchant: Méchant, tu mourras! Si tu ne parles pas pour détourner le méchant de sa voie, ce méchant mourra dans son iniquité, et je te redemanderai son sang.

2. L'Evangile vers Tarsis   Ga 6:7
Ne vous y trompez pas: on ne se moque pas de Dieu. Ce qu'un homme aura semé, il le moissonnera aussi.

3. L'Evangile au fond du navire.   Ro.2:24
Car le nom de Dieu est blasphémé parmi les païens à cause de vous, ainsi qu'il est écrit.

4. L'Evangile au fond de la mer   Jé.23:20
La colère de l'Éternel ne se calmera pas jusqu'à ce qu'il ait accompli, exécuté les desseins de son cœur. Vous le comprendrez dans la suite des temps.

5. Le missionnaire à la merci des flots.   Je.10:23
   Je le sais, o Eternel! La voie de l'homme n'est pas en son pouvoir; Ce n'est pas à l'homme quand il marche à diriger ses pas.

6. L'Evangile dans le ventre du poisson   Am. 9:3
   S'ils se cachent au sommet du Carmel, je les y chercherai et je les saisirai; s'ils se dérobent à mes regards dans le fond de la mer, là, j'ordonnerai au serpent de les mordre.

7. Prière du prisonnier dans sa cellule   Job.36:15
   Mais Dieu sauve le malheureux dans sa misère
   et c'est par la souffrance qu'il l'avertit.

8. L'Evangile sur sa base initiale de lancement 1Co.9:16
   Si j'annonce l'Evangile, ce n'est pas pour moi un sujet de gloire, car la nécessité m'en est imposée, et malheur à moi si je n'annonce pas l'Evangile!

9. L'Evangile et l'obstination du prophète.   2Ti.2:4
   Il n'est pas de soldat qui s'embarrasse des affaires de la vie s'il veut plaire à celui qui l'a enrôlé.

10. Jonas et Simon fils de Jonas   Es.6 :8
J'entendis la voix du Seigneur disant : Qui enverrai-je, et qui marchera pour nous ? Je répondis : me voici, envoie-moi.

11. L'Evangile dans la barque universelle.   Ph.2:8
Il s'est humilié lui-même, se rendant obéissant jusqu'à la mort, même jusqu'à la mort de la croix.

12. Le fondement de la famille   Ep.6   :4
Et vous pères, n'irritez pas vos enfants, mais élevez-les en les corrigeant et en les instruisant selon le Seigneur.

Tome 7 Série 3

Les Héros d'Iraq

LES HÉROS D'IRAQ

A entendre parler des héros d'Iraq, d'aucuns penseront qu'il s'agit des escadrons de la mort lancés comme des vautours dans le pays de Saddham Hussein à la recherche de proies faciles. Point du tout. L'auteur veut tout simplement réveiller votre esprit sur une tranche d'histoire de l'ancienne Babylone à partir de l'année 586 BC quand le roi Nebucadnetzar déportait dans son pays les captifs de Juda pour les asservir pendant une période de soixante-dix ans. Il est néanmoins curieux de savoir que même dans sa fougue pour les subjuguer, il prit soin d'en sélectionner certaines âmes d'élites qui feraient honneur à sa couronne. Comment vont-elles satisfaire les aspirations du monarque ?

Assis momentanément dans la loge de l'Antiquité, je vois défiler sous mes yeux les «Héros d'Iraq» sur la scène de l'histoire: Daniel, Hanania, Mischaël et Azaria. Les reconnaissez-vous? Prenez donc siège à notre coté et suivez la trajectoire lumineuse de ces preux qui n'ont pas aimé leur vie jusqu'à craindre la mort. Ap.12:11b

L'auteur

Leçon1 Les héros d'Iraq à la cour du roi Nebucadnetsar

Textes pour le moniteur: 2R.24:1-2; 2Ch. 36:5-7; Da.1:3
Texte pour la classe: 2Ch.36:5-7
Texte d'or: Que votre lumière luise ainsi devant les hommes afin qu'ils voient vos bonnes œuvres et qu'ils glorifient votre Père qui est dans les cieux. Mt.5:16
Méthodes: Discours, comparaisons, questions
But: Montrer comment le chrétien doit faire la différence.

Introduction
D'où viennent ces quatre jeunes gens? Leur tenue, leur langage et leur démarche nous inclinent à croire qu'ils ne sont pas babyloniens. Un moment en leur compagnie nous permettra de découvrir ceci:

I. Leur origine: ils étaient des juifs
  1. Dieu voulut punir le royaume de Juda à cause du sang innocent répandu par Manassé à travers Jérusalem. 2R.24:3-4
  2. Ainsi dans l'année 586 B.C, Dieu arma le bras du roi Nebucadnetsar pour déporter cette nation et l'assujettir à Babylone, l'actuel Iraq. 2R.24:2
  3. Parmi les captifs de la première déportation, on pouvait compter plusieurs jeunes juifs de familles nobles parmi lesquels les quatre princes suivants:

Daniel, Hanania, Mischael et Azaria. 2R.24:1-2; 2Ch. 36:5-7; Da.1:3

II. Leur éducation
1. Ils étaient sans défaut corporel et beaux de figure. Da.1:4
2. A ces dons naturels s'ajoutait leur intelligence exceptionnelle. Da.1:4
3. Ils connaissaient assez les lois de l'étiquette pour servir dans le château du roi. Da.1:4
4. Tous ces atouts leur valurent d'être des boursiers du gouvernement. Après trois ans d'étude universitaire, ils ont pu justifier leur valeur par l'obtention d'un doctorat dans la langue chaldéenne et dans les lettres. Da.1:5, 19-20

III. Leur vie de pensionnaire
1. Ils étaient reçus en pension aux frais du roi pendant tout ce temps-là. Ainsi ils s'adonnaient à l'étude avec beaucoup d'ardeur. Da.1:5
2. Leur correspondant, l'eunuque Aschpenaz, leur donna des noms babyloniens .C'était un privilège additionnel à leur droit de citoyenneté. Da.1:7
3. Depuis lors, Daniel, Hanania, Mischael et Azaria sont reconnus respectivement sous ces patronymes: Belschatsar, Schadrac, Meschac et Abed-Nego. Da.1:7
4. Il va sans dire qu'ils donnaient beaucoup de soin à leur vie de dévotion.

Conclusion

La vie s'avérait belle et prometteuse pour ces jeunes dans la diaspora babylonienne. Les choses vont-elles rester ainsi? Souhaitons-le.

Questions

1. Trouvez les vraies réponses.
   Pour démontrer comment ils étaient intelligents l'auteur a rapporté
   a. Qu'ils ont réussi brillamment aux examens d'Etat.
   b. Qu'ils ont obtenu un diplôme d'Es-lettres
   c. Qu'ils copiaient tout dans un livre.

2. Vrai ou faux
   a. Iraq est l'ancienne Babylone. __ V __ F
   b. Manassé était un roi méchant.__ V __ F
   c. La déportation de Juda à Babylone eut lieu en 586 B.C__ V __F
   d. Avant de leur conférer le droit à la citoyenneté babylonienne l'officier au service d'immigration a changé leur nom.__V __ F
   e. Daniel et ses compagnons descendaient de familles nobles. __ V __F

Leçon 2 Les héros d'Iraq et leur vie de pension

Textes pour le moniteur: Da.1:5-16
Texte pour la classe: Da.8-14
Texte d'or: La crainte de l'Eternel enseigne la sagesse, et l'humilité précède la gloire. Pr.15:33
Méthodes: Discours comparaisons, questions
But: Montrer comment Dieu récompense ceux qui refusent de faire des compromis avec leur conscience.

Introduction
Nous venons de visiter ces jeunes étudiants dans leur salle d'étude et dans leur dortoir. Mangeons avec eux au réfectoire.

I. **Service de table**
   1. Tous étaient servis à la même table. Beaucoup de vivres alimentaires et de la viande arrosée de vin capiteux.
   2. Tous les étudiants mangeaient sans s'informer de quoi que ce soit, à l'exception de Daniel, Schadrac, Meschac et Abed-Nego. Da.1:8
   3. Ils étaient sans doute tournés en ridicule par leurs condisciples juifs peu soucieux de leur origine et de leur religion.

II. Leur attitude au réfectoire

Daniel et ses compagnons esquivèrent ces repas avec sagesse. Ils ne voulurent pas se souiller aux mets du roi. Pourquoi?

1. Avant d'être servi à table, le repas devait être présenté à Bel, la statue du dieu babylonien.
2. Ils ont préféré s'exposer à la mort pour rester fidèle à leur Dieu. A l'immigration on a pu changer leur nom. Mais quant à leur foi, elle demeure «inoxydable»

III. Leur diète

Fermement décidés à rejeter Bel comme un dieu providence, ils ont formé une délégation pour rencontrer le manager du mess. Sagement ils lui proposèrent de les soumettre à un régime végétarien pendant dix jours. A grand peine, celui-ci a fini par accepter. Da.1:12

IV. Comme résultats:

1. Ils jouissaient d'une santé meilleure que celle des autres pensionnaires. Da.1: 15-16
2. Dieu leur accorda de la science, de la sagesse et de l'intelligence dans toutes les lettres. Da.1:17
3. Quant à Daniel, il expliquait toutes les visions et tous les songes. Da.1:17
4. Ils réussirent avec mention «Summa cum laude.» à l'examen d'Etat. Da.1:19
5. Après avoir été interviewés par le roi lui-même, ils furent nommés fonctionnaires du gouvernement avec tous les honneurs et les privilèges dus à leur rang. Da.1:19-20

Conclusion

Quel beau témoignage pour des adolescents chrétiens? Dieu a besoin de ces jeunes aujourd'hui. Etes-vous l'un d'entre eux?

Questions

1. Trouvez les réponses convenables.
   a. Plusieurs étudiants à l'Université de Babylone étaient juifs.
   b. Seulement Daniel, Hanania, Mischael et Azaria étaient juifs.
   c. Aucun étudiant n'était juif.
2. Trouvez la réponse convenable.
   Daniel et ses compagnons étaient sages.
   a. Parce qu'ils ne parlaient pas la langue des chaldéens
   b. A cause de leur éducation de famille.
   c. Par crainte d'être jetés en prison.
3. Trouvez la vraie réponse
   Daniel et ses compagnons montraient de la préférence pour les légumes
   a. Pour avoir droit à la crème glacée du roi.
   b. Pour ne pas se souiller aux mets du roi offerts d'abord au dieu Bel.
   c. Pour démontrer une attitude de rébellion.
   d. Pour attirer l'attention sur eux.
4. Trouvez la vraie réponse.
   Daniel expliquaient les visions
   a. Parce qu'il était magicien.
   b. Parce que Dieu lui donnait un esprit supérieur.
   c. Parce qu'il dormait beaucoup.

Leçon 3 Les héros d'Iraq et leur vie de dévotion

Textes pour le moniteur: Da. chap.2
Texte pour la classe: Da.2:1-5, 15-19
Texte d'or: Ne crains riens car je suis avec toi; ne promène pas des regards inquiets, car je suis ton Dieu; je te fortifie, je viens à ton secours, je te soutiens de ma droite triomphante. Es.41:10
But: Montrer que la force du chrétien est dans sa relation avec Dieu.
Méthodes: Discours, comparaisons, questions

Introduction
Vous n'avez pas besoin d'inventer une croix pour être appelé chrétien. La croix viendra d'elle-même. Quelle est sa nature? Découvrez-la à la suite d'un songe du roi Nebucadnetsar.

I. Le songe du roi Nebucadnetsar
1. Dès son réveil, il l'a complètement oublié. Da.2:3,5
2. Malgré ses efforts pour s'en rappeler, il n'a pas pu.
3. Il y attachait tant d'importance qu'il eut recours à un artifice de calcul: Il chercherait à intimider les magiciens, les astrologues et les chaldéens en leur exigeant de lui dire le songe et de lui en donner l'explication. Da.2:6 Était-ce une chose facile, mes amis?

II. Décision du roi
1. Il reconnait les limites de ses pouvoirs maléfiques et prétendus mystérieux.
2. Il pressentait un danger imminent dans lequel ces hommes ne seraient pour lui d'aucun secours.
3. Ainsi, avant de mourir, il les exterminerait tous. Alors, il n'y aura ni clients ni charlatans. Da.2:5-6
4. Cependant, sur la liste des condamnés figuraient les noms de Daniel et de ses compagnons, tous fidèles au Dieu d'Israël. Da.2:13

III. Les démarches de Daniel
1. Il se rendit au Département Militaire pour s'informer auprès du colonel Arjoc de la gravité de la situation. Da.2:14-16
2. A l'issue de cette démarche, il obtint du roi un délai de vingt-quatre heures pour lui dire le songe et lui en donner l'explication.
3. Tacitement, il engagea la responsabilité de Dieu qui doit prouver au roi l'incapacité des magiciens, des astrologues, des chaldéens, ces valets de Satan.
4. Ensuite, il rentra chez lui et il instruisit de cette affaire ses trois compagnons de prière: Hanania, Mischael et Azaria.
5. Pendant toute la nuit, ils crièrent à Dieu pour lui demander d'épargner le pays d'un état de siège et d'un bain de sang imminent. Da.2:17
Entre temps, vous pouvez imaginer comment les magiciens, les astrologues et les chaldéens sont tous paniqués. Ils consultèrent vainement les astres, les

boules de cristal, les tables-tournantes. Entre-temps, Daniel gardait tout son sang-froid, parce qu'il servait le Dieu vivant, le Dieu qui ne manque jamais dans la détresse!

Conclusion
Tandis que vous vivez dans la diaspora, que vous êtes, sans nul doute, en proie aux crises politiques, économiques ou bien que vous êtes en face d'un incident imprévisible, qui consultez-vous?

Questions

1. Comment s'appelait le colonel au Département militaire?
2. Qui consultait le roi en matière de divination?
3. Quel était son souci au lever du jour?
4. Que décidait-il de faire avec les magiciens?
5. Citez les noms de trois juifs qui étaient menacés par la décision du roi.
6. Trouvez la réponse convenable
   Daniel demande au roi un délai
a. Pour essayer de s'enfuir
b. Pour avoir le temps d'organiser une manifestation
c. Pour aller et consulter Dieu.
7. Daniel avait trois compagnons de prière. Citez-les

Leçon 4 Les héros d'Iraq sur la sellette

Textes pour le moniteur: 2R.21:3-16; Da.2:-35
Texte pour la classe: 2R.21:3-7
Texte d'or: Dieu est pour nous un refuge et un appui, un secours qui ne manque jamais dans la détresse. Ps.46:1
Méthodes: Discours, comparaisons, questions
But: Montrer la discipline à observer devant une situation effrayante.

Introduction
Une mort certaine les attendait. Et pourtant, ils ne cherchaient pas à l'esquiver. Que firent-ils? Entrons dans la peau de ces héros et imaginons comment ils abordèrent la situation.

I. Ils commencèrent par un examen de conscience
1. Dieu a livré Israël entre les mains du roi Nebucadnetsar à cause des crimes du roi Manassé, savoir:
    a. L'idolâtrie, la prostitution, la magie, le spiritisme. 2R.21:3-7
    b. La mort des innocents dans la ville de Jérusalem. 2R.21:16
2. Ils étaient eux, des victimes de l'idolâtrie de leurs pères.

3. Pourtant, dans la diaspora babylonienne, ils avaient conscience d'avoir refusé de manger les mets souillés du roi pour ne pas pécher contre leur Dieu. Da.1:8

II. Ils continuèrent par une confession
1. Ils reconnurent qu'ils étaient tous coupables. Voilà pourquoi ils demandèrent pardon à Dieu pour leur nation et pour eux-mêmes.
2. Ils confessèrent leurs erreurs probables commises au départ quand on n'est pas bien imbu des us et coutumes en vigueur dans le pays.

III. Ils finirent par une intercession
1. «Que Dieu honore notre fidélité quand nous avons refusé de trahir notre foi en Lui.
2. «Que Dieu se manifeste à temps pour qu'il soit reconnu pour vrai et tout magicien pour menteur.
3. «Que le roi sache qu'il a séquestré nos vies, les ustensiles de la maison de Dieu, mais que notre foi dans le Dieu d'Israël n'est pas séquestrée.
4. «Que Dieu fasse au roi une leçon inoubliable.»

IV. Ils se redressèrent avec satisfaction
1. Dieu révéla à Daniel le songe et son explication. Da.2:19
2. Ses compagnons de prière se joignirent à lui pour bénir le Dieu des cieux.
3. Ils le félicitèrent pour avoir donné de la force, de la sagesse aux intelligents. Da.2:21

V. Attitude

Daniel et ses compagnons ne blâmèrent personne pour leur sort. Ils allèrent à Dieu, la source de paix. Et les voilà prêts à affronter le roi avec en main une note de revendication. Quelle était cette note? L'amnistie générale pour tous les condamnés à mort. Et la contrepartie ? Le songe du roi révélé à Daniel! Quel témoignage!

Conclusion

Quelle serait votre attitude en pareille circonstance?

Questions

1. Cochez les réponses appropriées.
   Dieu punit le royaume de Juda pour les crimes du roi Manassé, savoir: __ l'idolâtrie __ la superstition __ le spiritisme __ le football en plein air __ la magie __ la mort des innocents
2. Cochez les vraies réponses
   a. Hanania, Mischael et Azaria confessèrent leur péché.
   b. Ils blâmèrent leurs ancêtres pour leur inconduite.
   c. Ils demandèrent à Dieu de manifester sa puissance.
3. Cochez la vraie réponse
   Quand Daniel reçut la révélation du songe.
   a. Il demanda au roi de tuer tous les magiciens.
   b. Il délivra un long discours pour faire parler de lui.
   c. Il sollicita une amnistie générale pour eux tous.

Leçon 5 Les héros d'Iraq en liberté provisoire

Textes pour le moniteur: Da.2:1-30
Texte pour la classe: Da.2:19-24
Texte d'or: C'est ici la parole que l'Eternel adressa à Zorobabel: Ce n'est ni par la puissance ni par la force, mais c'est par mon Esprit, dit l'Eternel des armées. Za.4:6
Méthodes: Discours, comparaisons, questions
But: Démontrer la révélation directe de Dieu à ses serviteurs.

Introduction
Toute la nuit, le roi n'a pas dormi, certes. Pourquoi n'a-t-il pas exécuté la sentence de mort sur tous les magiciens et les bocors de son royaume? Avait-il trouvé sa décision stupide? Non. Le roi avait tout simplement peur. Il s'était résigné à attendre vingt-quatre heures pour une réponse de Daniel et de ses compagnons. Qu'en est-il alors?

I. Intervention auprès du colonel
Après avoir loué Dieu, Daniel alla trouver le colonel Arjoc pour trois raisons:
1. Solliciter une entrevue avec le roi en vue de lui livrer un message confidentiel: l'explication du songe Da.2:24c

2. Solliciter la compagnie d'Arjoc pour mieux contrôler ses émotions et aussi «désamorcer» la colère du monarque.
3. Obtenir du roi le renvoi des exécutions massives étant donné qu'il vient avec la solution. Da.2:23

II. Introduction auprès du roi

Arjoc ne présenta pas Daniel au roi en sa qualité de haut fonctionnaire du gouvernement dont il jalousait peut-être la compétence. On peut donc comprendre son expression empreinte de mépris et de préjugé. Ecoutez-le: «J'ai trouvé parmi les captifs de Juda un homme... Le roi pourra ainsi mettre en doute la compétence de Daniel en matière de divination. Il n'aura qu'à le comparer à ses vulgaires charlatans et le destiner comme les autres à une mort cruelle. Da.2:5

1. Daniel dénia aussi la compétence des bocors et des magiciens et de lui-même aussi dans ce domaine. De préférence, il s'effaça pour exalter son Dieu. Da.2:27, 30
2. Il en profita pour magnifier l'omniscience du Dieu invisible et présent, sa capacité de connaitre les pensées des hommes, de prévoir leur comportement dans le présent et dans l'avenir. Da.2:29

III. Mise en confiance auprès du roi

1. Ce que le roi ignore de lui-même et de son royaume, Dieu le connait et l'a révélé à Daniel. Da.2:30
2. Il apprendra un peu tard que tout est sous le contrôle du Dieu invisible qu'il ne connait pas.

3. Le roi devait garder le silence pour écouter Daniel car ce prisonnier connait le Dieu des dieux et il est détenteur d'un secret dont le roi est anxieux de connaitre.
4. Il reconnait que la survie de son royaume dépend certes d'un captif de Juda, d'un homme investi d'autorité pour maintenir ou pour renverser son trône. Dans ce cas, il doit être prudent.

Conclusion

Quand arrivera-t-il qu'un chrétien de foi dans la diaspora exercera son empire sur le chef d'Etat en exercice? Que la sagesse de Dieu en vous, déploie cette autorité.

Questions

1. Trouvez la raison qui empêche au roi de dormir
    a. Il a eu une indigestion.
    b. Il veut tuer tous les magiciens.
    c. Il veut signer sa démission.
    d. Il avait peur.

2. Dites pourquoi Daniel sollicita la compagnie du colonel.
    a. Il voulait suivre le protocole du palais.
    b. Il avait besoin du support moral du colonel.
    c. Il voulut mieux contrôler ses émotions.
    d. Il apporta au roi un message confidentiel.
    e. Pour (a, b, c, d)

3. Jugez de la pâle introduction de Daniel par le colonel.
    a. Il était peut-être jaloux de la position de cet étranger dans son pays.
    b. Il a voulu se ménager en face d'un roi en colère.
    c. Il avait peut-être des préjugés contre les captifs.
    d. Pour les 3 raisons (a, b, c)

4. Montrez la position de Daniel face à une situation critique.
    a. Il affirme l'incompétence de tous les magiciens à connaitre les secrets.
    b. Il affirme l'incompétence de tous les rois dans ce cas.
    c. Il affirme aussi sa propre incompétence.
    d. Il affirme que seul son Dieu est compétent.
    e. Les quatre

5. Vrai ou faux
    a. Le roi méprisa Daniel parce qu'il était de la diaspora. __ V – F
    b. Arjoc présenta Daniel sous un jour positif. __ V __ F
    c. Daniel profita de la situation pour exalter l'omniscience de Dieu. __ V __ F
    d. Daniel exigea au roi un paiement pour le songe qu'il a dévoilé et expliqué. __ V __ F

Leçon 6 Le songe du roi révélé et expliqué

Textes pour le moniteur: Da.2:26-49
Texte pour la classe: Da.2-31-35
Texte d'or: Car le Seigneur, l'Eternel, ne fait rien sans avoir révélé son secret à ses serviteurs, les prophètes. Am.3:7
Méthodes: Discours, comparaisons, questions
But: Montrer la relation du serviteur avec son Dieu.

Introduction

C'est à peine si Nebudcadnetsar s'assit sur son fauteuil tant il était suspendu aux lèvres de Daniel. Les yeux écarquillés, les panneaux de ses oreilles élevés comme des antennes traduisirent un état d'âme inquiet et subjugué. Ecoutons Daniel.

I. Le songe du roi Nebucadnetsar
  1. C'était une description de son état d'âme orgueilleuse.
     a. Dans son songe il a vu une statue d'un aspect terrible.
     b. La tête en or représentait l'empire babylonien avec Nebucadnetsar comme chef suprême. Da.2:32, 37-38
     c. La poitrine et les bras en argent révélaient l'empire des Mèdes et des Perses avec Cyrus et Darius, ses futurs vainqueurs. Da.2 39
     d. Le ventre et les cuisses en airain symbolisaient l'empire grec d'Alexandre le Grand.

e. Les jambes en fer et les pieds en partie de fer et d'argile caractérisaient la Rome antique avec tout ce qu'elle comportera de fort et de fragile. Da.2:43

f. La petite pierre qui renversait la statue typifiait Jésus-Christ, le roi des rois, le Seigneur des seigneurs. Son royaume vaincra tous les autres. Il remplira toute la terre par l'Évangile et ne sera jamais détruit. Da.2:35; Ac.1:8

2. Une description de sa décadence
Ce songe décrit donc la chute successive des royaumes à commencer par Babylone et conséquemment, la chute des rois à commencer par Nebucadnetsar.

3. Un jugement de Dieu.
C'est un message du grand Dieu. Le roi n'avait qu'à se plier devant son autorité. Da.2:45
Il ne peut rien y changer. Daniel lui disait: «Le songe est véritable et son explication est certaine. Ne varietur.» Da.2:45

II. Résolution du roi

1. Ayant reconnu que son songe était dévoilé et qu'il lui était bien expliqué par le «captif de Juda», le roi prit les résolutions suivantes:

a. Il prit Daniel pour l'incarnation d'un Dieu invisible. Ainsi il lui offrit des sacrifices et des parfums. Da.2:46
b. Il reconnut la supériorité du Dieu de Daniel sur tous les autres dieux. C'est un Dieu omniprésent, omniscient et omnipotent. Il est le Dieu des dieux, le Seigneur des rois. Da.2:47

III. **Promotions de Daniel et de son équipe de prière.**
a. Daniel fut nommé gouverneur de «l'Etat de Babylone» et il établira son bureau au palais même du roi. Da.2:49
b. Schadrac, Meschac, Abed-Nego furent promus au rang de préfets ou délégués à Babylone. Da.2:49

Conclusion
La foi peut vous mettre au-dessus des rois. Ayez la foi.

Questions

1. Remplissez les intervalles:
   La tête de la statue était _____ la poitrine et les bras étaient _____ Son ventre et ses cuisses étaient _____ Ses jambes étaient de _____ Ses pieds étaient _____ et _____ Da. 2:32-33

2. Remplissez les intervalles
   a. La tête représentait l'empire _____
   b. la poitrine et les bras représentaient _____
   c. Le ventre et les cuisses représentaient _____
   d. Les jambes et les pieds représentaient _____
   e. La petite pierre représentait _____

3. Dites comment le roi comprenait l'interprétation du songe
   a. Il reconnut la supériorité du Dieu de Daniel.
   b. Il crut qu'il devait récompenser Daniel et ses compagnons de prière.
   c. Il leur donna un chèque sans provision

Leçon 7 Le songe du roi revu, corrigé et augmenté

Textes pour le moniteur: Da.3:1-22
Texte pour la classe: Da.3:1-6
Texte d'or: Ne craignez pas ceux qui tuent le corps et qui ne peuvent tuer l'âme; Craignez plutôt celui qui peut faire périr l'âme et le corps dans la géhenne. Mt.10:28
Méthodes: Discours, comparaisons, questions
But: Montrer comment le vrai chrétien n'a de crainte que pour Dieu.

Introduction
Comment le roi va-t-il interpréter le songe?

I. **Une statue en or massif**
    1. Nebucadnetsar fit fondre une statue d'or haute de 60 coudées ou 260 pieds et large de 6 coudées ou 26 pieds. Plus question de tête d'or et le reste de la statue en métal ou en des éléments graduellement inférieurs. Ainsi, après lui ce sera le néant. Le songe était revu, corrigé et augmenté. Da.3:1
    2. Il se fit dieu dont cette statue est le symbole et il exigea qu'elle fût adorée par tous sans exception, sous peine de mort. Il la fit dresser dans la vallée de Dura, à Babylone. Qui va oser contester l'ordre du roi? Voyons la liste des adorateurs.

II. Les adorateurs

1. C'étaient les satrapes ou ministres, les intendants ou Secrétaires d'Etat, les gouverneurs ou délégués, les conseillers ou commissaires du gouvernement, les trésoriers ou Directeurs de Banques, les jurisconsultes ou Doyens des différents tribunaux, les juges (Juges de paix, juges des tribunaux civils, juges à la Cour d'Appel, le juge à la Cour de Cassation), les Magistrats ou maires. En somme, tous les officiels du gouvernement. Da.3:3
2. Ils occupaient les premières rangées pour être bien vus de tous et ils s'empressaient de donner leur vote de consentement collectif à la décision arbitraire du roi.
3. Par contre, ils n'attendaient que le son indicatif de la trompette pour s'agenouiller devant la statue. Da.3:4
4. L'ordre du roi était formel: Tous les rebelles seront jetés au four crématoire. L'annonce était publiée sous toutes les formes, dans toutes les langues et à plusieurs reprises afin que nul n'en ignore. Da.3:4, 10
5. Pendant ce temps, les sièges de trois Secrétaires d'Etat étaient vides. Des détectives chaldéens le signalèrent au roi avec beaucoup d'indignation dans la voix et, sans ménagement, ils dénoncèrent Schadrac, Meschac et Abed-Nego. Da.3:8-12

III. Les objecteurs

1. Les démarches du roi.
    a. Le roi leur dépêcha des recherches criminelles munis d'un mandat d'amener. Da.3:13

b. Ils étaient soumis à un interrogatoire public. Da.3:14

c. Le roi n'entendait pas être défié ni intimidé en face par trois petits bonhommes. Il les avisa de se mettre à genoux devant la statue d'or dès qu'ils auront entendu la musique de l'orchestre. Dans le cas contraire, ils auront eux-mêmes choisis de mourir par le feu. Le roi met en défi tout dieu qui pourrait les délivrer de sa main. Da.3:15

2. La résistance des trois jeunes hébreux.

   a. Ils signifièrent au roi l'inutilité de ses démarches et de ses vains discours. Da.3: 16:17

   b. Ils ajoutèrent qu'il n'était pas dans leur éducation ni dans leur foi de servir des dieux préfabriqués. Da.3:18

IV. La sanction

1. Le roi se senti insulté. Dans sa dignité offensée, il ordonna aux bourreaux de tourner le thermostat au dernier degré: Les trois jeunes garçons n'étaient pourtant pas intimidés. Da.3:19

2. Pour mieux alimenter les flammes, ils furent chargés de vêtements. Malgré tout cela, ils gardaient le sang-froid. Da.3:21

3. Ils furent jetés dans les flammes. Là encore, ils sont décidés à mourir pour leur conviction au lieu de trahir leur foi dans le Dieu vivant. Ont-ils péri? Da.3: 23

Conclusion

Ces jeunes auraient pu chanter:
«Qu'on m'approuve ou qu'on me blâme,
«Et demain comme aujourd'hui,
«Je ne veux quoiqu'on réclame,
«Jamais compter que sur lui.» Et vous?

Questions

1. Trouvez les raisons pour lesquelles nous disons que le songe est revu, corrigé et augmenté.
    a. Le songe indique plusieurs éléments dans la statue. Le roi y met tout en or. Ainsi, après lui, ce sera encore lui.
    b. Le songe n'a pas indiqué qu'il fallait adorer la statue alors que le roi promet la mort à quiconque ne l'adore pas.
    c. Le songe n'a pas dit que le roi était dieu alors qu'il tient à être adoré en prenant la statue comme un symbole.
    d. Tous les 3 (a, b, c)
2. Trouvez les noms actuels correspondant à ces fonctionnaires de l'Etat.
    a. Satrapes_____
    b. Intendants_____
    c. Gouverneurs_____
    d. Conseillers_____
    e. Trésoriers _____
    f. Jurisconsultes _____
    g. Juges _____
    h. Magistrats _____

3. Trois Secrétaires d'Etat s'absentaient à ce rendez-vous du roi. Les connaissez-vous? _____ _____
_____

4. Dites ce que fit le roi pour les intimider.
   a. Il leur offrit de l'argent.
   b. Il leur envoyait un mandat d'amener.
   c. Il les menaçait de mort.
   d. Il leur donna des instructions pour qu'ils obéissent sur l'heure et s'humilient publiquement.

5. Décrivez l'attitude des trois jeunes hébreux.
   a. Ils demandèrent au roi de leur faire grâce car ils sont trop jeunes pour mourir.
   b. Ils se mirent à genoux à demi et demandèrent pardon à Dieu qui sait faire miséricorde.
   c. Ils dirent au roi d'attendre sans délai la réaction de leur Dieu qui ne manquera de les secourir.
   d. Ils se disposèrent à mourir au lieu de trahir leur foi dans le Dieu d'Israël.

Leçon 8 L'intervention du «quatrième»

Textes pour le moniteur : Da.3:23-29
Texte pour la classe: Da.3-19-30
Texte d'or: L'ange de l'Eternel campe autour de ceux qui le craignent et ils les arrachent au danger. Ps.34:8
Méthodes: Discours, comparaisons, questions
But: Montrer comment notre Dieu n'est jamais en retard.

Introduction
Le spectacle de la vallée de Dura nous remplit d'émotion. Mais le match n'est pas encore terminé. Juste au milieu de la deuxième mi-temps, un dernier joueur monte sur le terrain. C'était le joueur numéro 4. Il s'appelle l'Ange de l'Eternel.

I. Sa manifestation
1. D'entrée de jeu, il prit le feu de la fournaise pour en faire son ballon; il loba les trois braves gens, et d'une passe de tête bien calculée, il incendia les bourreaux qui moururent sur-le-champ. Job.36:32; Da.3:22
2. Schadrac, Meschac et Abed-Nego n'avaient pas de brûlure au premier, au deuxième ni au troisième degré. Bien au contraire, le quatrième avait rétabli complètement leur toilette. Il leur mit un parfum spécial dont la fragrance neutralisa l'odeur du feu sur leur corps et sur leurs habits. Autant dire que leurs problèmes les ont changés. Da.3:27

3. Leurs vêtements n'étaient pas chiffonnés, ni endommagés. Point n'était besoin de les réparer au Dry Cleaning. Ainsi ils étaient déjà prêts pour assister aux funérailles de leurs bourreaux. Da.3:27. Je dirais tout bas «pour voir la rétribution des méchants.» Ps.91:8
4. Les officiels du gouvernement ne pouvaient en croire à leurs yeux. Da.3:27

II. La désillusion du roi
1. Il a assisté, impuissant, à la mort de ses bourreaux. Da.3:22
2. Il devait attribuer sa défaite à l'intervention du «joueur au numéro 4» qui a marqué à la dernière minute de ce jeu diabolique.
3. Il a constaté la victoire remportée par quatre hommes sur tout son gouvernement, savoir: Shadrac, Meschac, Abed-Nego et l'Ange de l'Eternel qu'il appelle le quatrième. Da.3:25
4. Il capitula devant ces trois terroristes qui, par leur foi dans le joueur au numéro quatre, éteignirent la puissance du feu. Da.3:26; Hé.11:34
5. Le roi mentalement désarmé, semblait demander grâce quand il disait:
«Schadrac, Meschac, Abed-Nego, serviteurs du Dieu Suprême, sortez et venez!» Da.3:26

6. Il était dépassé par ce spectacle au point de faire appel aux suffrages de ses concitoyens. Comparez «N'avons-nous pas jeté…» avec «Et quel est le dieu qui vous délivrera de ma main» Da.3:15, 24

III. Décision du roi
1. Il donna gloire au Dieu de ses vainqueurs. Da.3:28
2. Après un discours bref et significatif, il remit la coupe de la foi à l'équipe championne Schadrac, Meschac, Abed-Nego. Da.3:26
3. En guise de médailles d'or et de diamant, le roi les fit prospérer dans la capitale du royaume. Da.3:30
4. Il exigea que le Dieu d'Israël fût reconnu comme le Dieu absolu sur toute l'étendue de son empire. Da.3:29
5. Parler mal de ce Dieu était un crime de lèse-Dieu punissable par la destruction de vie et de biens. Da.3:29

Appel
Etes-vous fou pour Dieu au point d'oublier votre salaire, votre fiancée, vos parents, vos enfants, votre vie même pour défendre le beau nom du Seigneur?
Si oui, il descendra en personne dans la vallée de l'ombre de la mort pour vous délivrer.

Conclusion

Ils s'en vont et l'on oublie leurs noms, leurs combats, Mais leur sublime folie ne périra pas. Soyez donc fou pour Dieu. Croyez-moi, il n'hésitera pas à faire tous les frais pour vous sauver.

Questions

1. Qui était le joueur numéro quatre?
2. Comment a-t-il mené le jeu? Cochez les vraies réponses.
   a. Il vint avec un feu dévorant. Il loba les 3 joueurs sur la ligne d'attaque, il jeta le feu sur la tête des bourreaux.
   b. Il déclina son nom au roi et aux spectateurs.
   c. Il appela les sapeurs-pompiers pour éteindre le feu.
   d. Il donna une complète assurance aux jeunes hébreux au fort du danger.
   e. Il serra la main du roi et des officiels du gouvernement.
3. Dites comment le roi commenta la fin du match.
   a. Il devait compter ses morts.
   b. Il avoua sa défaite devant l'Ange de l'Eternel.
   c. Il était dépassé par les circonstances.
   d. Il reconnut la suprématie du Dieu des 3 jeunes hébreux.
4. Cochez le nom sous lequel Nebucadnetsar appelle l'Ange de l'Eternel __ Belschatsar __ le quatrième __ Eleasar

5. Cochez le nom sous lequel il appelle le Dieu des 3 jeunes hébreux.___ Le Dieu grand et puissant ___ Le Dieu des babyloniens___ le Dieu de Schadrac, Meschac et Abed-Nego.

6. Cochez les résultats positifs de cette victoire.
   a. Le roi donna gloire à Dieu.
   b. Il l'adopta comme le Dieu incontesté des Babyloniens.
   c. Il offrit un diner à Bel, Dagon et au Dieu d'Israël.
   d. Il donna des emplois lucratifs aux trois jeunes hébreux.

Leçon 9 La défaite du roi Nebucadnetsar.

Textes pour le moniteur: Da.4:1-37
Texte pour la classe: Da.4:13-18
Texte d'or: L'Eternel est élevé; il voit les humbles et il reconnait de loin les orgueilleux. Ps.138:6
Méthodes: discours, comparaisons, questions
But: Montrer comment Dieu peut vaincre un cœur méchant.

Introduction
Le roi Nebucadnetsar pensait toujours grand: une statue monumentale, une mégalopole, un empire mondial, tout pour la déification de sa personne. Mais comment va t-il faire pour s'élever au rang de dieu?

I. Par l'utilisation des magiciens et des bocors.
Ces magiciens étaient des employés à plein temps pour interpréter les songes du roi et lui en fournir les explications. Da.4:7
C'était toujours en dernier lieu qu'il consultait Daniel. Pourquoi?
   1. Parce qu'il craignait d'affronter un Dieu qu'il ne peut manipuler ni représenter comme Bel et Dagon.
   2. Parce qu'il croyait que Daniel incarne des dieux, mais que ceux-là sont «saints» et redoutables. Da.4:8, 18

II. Par les manifestations de son état d'âme
Elles étaient caractérisées par
1. Un grand arbre, le plus haut de la planète. Da.4:11
2. Il avait des ressources pour les hommes et les bêtes. V.12. Tel est l'homme, tel est le rêve. Il se croyait maitre de lui-même. Dieu va lui démontrer qu'il n'en est qu'un simple locataire, un gérant privilégié des choses mises à sa disposition. Dieu est son maitre et le maitre absolu de tout. Da.4:14 -17
3. Il reviendra à un membre du gouvernement céleste pour lui expliquer son état d'âme. Voilà où commence le rôle de Daniel, ambassadeur de Dieu près la cour du roi de Babylone. Da.4:18

III. Les conséquences de son obstination
Nebucadnetsar était égocentrique. Il croyait en lui-même comme l'auteur de toutes ses réalisations. Da.4:30
1. Après douze mois de réflexion sur un songe expliqué par Daniel, son cœur n'a pas changé. Il se croyait au-dessus de tout et de tous. Je croyais l'entendre dire comme Auguste dans «Cinna»: «Je suis maitre de moi-même comme de l'univers»
2. Dieu l'a frappé d'une crise cérébrale. Da.4:33
3. Dieu lui donna un cœur de bête pour brouter l'herbe comme les bœufs. Ses cheveux croissaient comme les plumes de l'aigle pendant sept ans. Le bœuf et l'aigle, deux symboles de l'orgueil. Da.4:16, 26, 33

Conclusion
Si vous vous croyez au-dessus de tout le monde, vous n'êtes pas au-dessus du jugement de Dieu. Prenez bonne note et n'ayez plus la mémoire courte.

Questions

1. Dites comment on peut deviner la façon de penser du roi. Il concevait ___ un grand empire ___ une statue monumentale ___ une piscine ___ une mégalopole.
2. Trouvez ici comment il gérait son gouvernement.
    a. Il employa des magiciens et des bocors.
    b. Il consulta rarement Daniel parce que son Dieu est trop pur pour lui.
    c. Le roi pria trois par jour.
3. Dites ce que fit Dieu pour l'humilier.
    a. Il l'a animalisé pendant sept ans.
    b. Il l'envoya dans un «nursing-home»
    c. Il suggéra aux chefs de lui donner une pension.
4. Trouvez les réponses appropriées.
    Pour être rétabli dans sa position,
    a. Nebucadnetsar convoqua ses grands à un referendum.
    b. Nebucadnetsar leva les yeux vers le ciel.
    c. Dieu lui redonna la raison.
    d. Ses grands le redemandèrent.
    e. Dieu lui redonna son royaume.

Leçon 10 La soumission du roi Nebucadnetsar.

Textes pour le moniteur: Da. 4:1-37
Texte pour la classe: Da.4:34-37
Texte d'or: Maintenant, moi Nebucadnetsar, je loue, j'exalte et je glorifie le roi des cieux, dont toutes les œuvres sont vraies et les voies justes, et qui peut abaisser ceux qui marchent avec orgueil. Da.4:37
Méthodes: Discours, comparaisons, questions
But: Montrer comment Dieu peut réduire notre taille pour nous permettre d'entrer par la porte étroite.

Introduction
Qu'arriva-t-il au roi après sept ans d'humiliation? La leçon a-t-elle été bien apprise? Passons la parole à Nebucadnetsar.
I. Sa repentance.
  1. Après des années à préparer un album de sa vaine gloire, le roi est puni comme un simple homme. Dieu l'a mis sous sanction pendant sept ans, une sanction humiliante et dégradante.
  2. Durant cette longue période, il a pu découvrir:
    a. Que Dieu aurait pu faire de lui une bête à quatre pattes ou un oiseau ailé. Da.4:33, 34
    b. Que ses jours sont contrôlés seulement à la montre de Dieu. «Après le temps marqué...» Da.4:34
    c. Qu'au-dessus de Babylone, siège le Dieu des dieux, le Roi des rois. Da.4:35

d. En tant que roi sur la terre, il peut forger des dieux à son image mais pas le Dieu des cieux. Da.4:34

e. Réduit à ces pensées, il regretta sa conduite et pour la première foi de sa vie, il se décida à lever les yeux vers le ciel. C'est à ce moment qu'il découvrit la face de Dieu et devint raisonnable. Da.4:34

II. Sa réhabilitation
1. Dieu lui redonna la raison. Da.4:34
2. Dieu lui redonna le pouvoir et la popularité. Da.4:36

III. Sa reddition
1. Il confessa son orgueil. Da.4:36
2. Il rendit témoignage pour Dieu et reconnut sa souveraineté sur tout homme et sur toutes choses. Da.4:35
3. Il glorifia Dieu en public. Da.4: 34

Réflexion
Nebucadnetsar est-il sauvé? Mais oui! Et pourquoi pas? « Ce que je veux, dit Dieu, ce n'est pas que le méchant meure, mais qu'il change de conduite et qu'il vive ». Ez.33:11

Conclusion
Miséricorde insondable, Dieu peut-il tout pardonner?
Absoudre un si grand coupable,
Et mes péchés oubliés…
Voulez-vous prendre maintenant une décision? Si oui, dites:
«Jésus je viens, je viens à toi, tel que je suis prends-moi»

Questions

1. Combien de temps le roi passa t-il en sanction?
2. Quelles sont les leçons qu'il a apprises durant ce temps-là?
3. Dites quelle décision il a prise pour que Dieu le tire de son état.
   a. Il promet à Dieu de l'argent.
   b. Il Lui promet une place de commandant en chef de ses dieux.
   c. Il tourna les regards vers le ciel pour implorer la pitié.
   d. Il s'énerva avec un Dieu qu'il ne connait pas.
4. Cochez les grâces qu'il a obtenues après sa conversion.
   a. Dieu lui redonne la capacité de raisonner.
   b. Les grands du royaume votèrent son retour au pouvoir.
   c. Il devient un grand pasteur.
   d. Il devient plus populaire.
5. Démontrez qu'il avait tout d'un chrétien converti.
   b. Il confessa son péché d'orgueil.
   c. Il rendit témoignage pour Dieu et reconnut sa souveraineté sur tout homme et sur toutes choses.
   d. Il donna tout son argent au pauvre.
   e. Il donna gloire à Dieu publiquement.

Leçon 11 Daniel et la clé du mystère

Textes pour le moniteur: Da.5:1-31
Texte pour la classe: Da.5:24-30
Texte d'or: Et voici l'explication de ces mots. Compté: Dieu a compté ton règne et y a mis fin. Pesé: Tu as été pesé dans la balance et tu as été trouvé léger. Divisé: ton royaume sera divisé et donné aux Mèdes et aux Perses. Da.5:26-28
Méthodes: Discours, comparaisons, questions
But: Montrer comment Dieu punit la légèreté du roi Belschatsar.

Introduction
Quelle gloire d'être coiffé d'une couronne! Qui est plus chanceux que Belschatsar, héritier d'un empire mondial? Bénéficiaire du trône de son grand père Nebucadnetsar, comment va-t-il gérer cette fabuleuse succession?

I. Il commencera avec la réjouissance.
 1. C'était une bacchanale à laquelle devaient participer tous ses grands et ses femmes de joie. Da.5:2
 2. Gagné par l'ivresse, il poussa son cynisme jusqu'à utiliser les vases d'or consacrés à l'Eternel pour servir à boire à ses concubines. Da.5:3
 3. Il en profita pour célébrer la victoire de ses dieux sur l'Eternel Dieu. Da.5:4, 23 Cependant, c'était une victoire apparente.

II. Il continuera avec un examen de conscience.
Dieu intervint au milieu de l'orgie : En face du seul chandelier qui éclairait faiblement les actes sales de débauches des invités, tous ont vu des doigts d'une main d'homme qui écrivaient sur la muraille. Da.5:6

III. Voyons les manœuvres possibles pour le déplacer:
1. Tous les houngans du royaume ne pouvaient ni lire les Saintes Ecritures ni bouger un seul doigt de Dieu.
2. Aucune prière ne pouvait le fléchir. Aucune balle ne pouvait le percer. Aucune gomme ne pouvait l'effacer Da.5:8
3. Seul un homme de Dieu pouvait lire et comprendre la Parole de Dieu. Au milieu du désarroi général, la reine entra dans la salle du festin et elle recommanda au roi Daniel, le seul dans tout le royaume capable d'interpréter la Parole de Dieu.
4. Le roi gagné par la peur, offrit à Daniel la troisième place dans son royaume avec des dons que Daniel refusa d'ailleurs, car on n'accepte pas de charge dans un gouvernement décadent et déchu. Il consentit néanmoins à lire la Parole de Dieu et à en donner l'explication. Da.5:17

IV. Il finit avec la déchéance

1. Suivons avec Daniel la lecture de la Parole de Dieu.
En langage araméen, elle était ainsi libellée : «Mene, mene, tekel, upharsin» Explication: Compté, compté, pesé, divisé.
2. Compté, compté: Dieu a compté vos heures à sa montre et vous annonce la fin prématurée de votre règne.
3. Pesé: Dieu vous pèse sur la balance de sa justice et vous a trouvé trop frivole pour avoir profané les choses saintes.
4. Divisé: Votre royaume sera divisé et donné aux Mèdes et aux Perses. Da.5:25-29

Résultat : Cette même nuit, Darius le Mède envahit le palais et tua le roi Belschatsar. Da.5:30

Conclusion
Les doigts de Dieu commencent à écrire sur la muraille de votre vie. Insouciant que vous êtes, vous persistez dans votre inconduite! Ecoutez cet avertissement: La mort soudaine est à vos portes! Préparez-vous à rencontrer le Grand Juge.

Questions

1. Trouvez les réponses appropriées
   Pour célébrer son avènement Belschatsar fit ceci:
   a. Il invita tous les religieux à une cérémonie d'actions de grâces.
   b. Il demanda pardon pour ses péchés.
   c. Il prit les verres de sainte cène pour donner à boire à ses concubines.
   d. Il exalta la victoire de ses dieux sur le Dieu d'Israël.

2. Cochez les réponses appropriées
   Pour déplacer les doigts de Dieu
   a. Le roi sonna le lambi.
   b. Il arrose les doigts avec de l'eau chaude.
   c. La reine lui recommanda Daniel, l'homme de Dieu.
   d. Le roi offrit à Daniel d'immenses privilèges.
   e. Il utilisa un bulldozer des Travaux Publics.

3. Citez les trois paroles qui résument le jugement de Dieu sur le roi et son royaume.

Leçon 12 Daniel et le pouvoir du grand invisible

Textes pour le moniteur: Da.6:1-28
Texte pour la classe: Da.6:1-10
Texte d'or: Lorsque Daniel sut que le décret était écrit, il se retira dans sa maison où les fenêtres supérieures étaient ouvertes dans la direction de Jérusalem; et trois fois le jour, il se mettait à genoux, il priait et il louait son Dieu comme il le faisait auparavant. Da.6:10
Méthodes: Discours, comparaisons, questions
But: Montrer comment la vraie vie de dévotion nous assure la paix au milieu du danger.

Introduction
Daniel était l'homme fort durant le règne de Nebucadnetsar, de Belschatsar et de Darius. Comment a-t-il pu faire pour éviter des compromis? Accompagnons ce héros d'Iraq dans sa carrière politique.

I. Daniel au timon des affaires de l'Etat
1. Il était au nombre des trois plus grands-commis de l'Etat choisis par le roi Darius. Da.6: 2
2. Cependant, il dépassait ses collègues en compétence et en probité au point que le roi voulut le nommer Premier Ministre sur les 120 Etats de son empire. Cette promotion éventuelle lui valut la jalousie et la haine de ses deux confrères qui décidèrent de l'éliminer. Da.6:1

II. Complot contre Daniel.
Ils convinrent d'élever le roi à la dignité de dieu pour une période de trente jours avec le pouvoir de torturer à mort tous ceux qui refuseraient de l'adorer. Darius s'empressa avec joie de ratifier cette promotion inespérée. Da.6:9 Dans son aveuglement, il vient d'amputer son bras droit sans le savoir: Daniel, l'homme fort du régime, sera jeté dans la fosse aux lions par ordre même du roi.

III. Dispositions de Daniel.
1. Il cherchait à positionner le téléphone cellulaire de la prière dans une direction où il pourrait mieux capter le signal venu de Dieu. Il le trouva à travers la fenêtre de sa chambre qui donnait sur Jérusalem, c'est-à-dire dans la direction Est-Ouest. Da.6:10
2. C'était dans cette position qu'il s'agenouillait trois fois par jour pour prier. Ce jour-là, Il semblait entendre Dieu lui dire: «Daniel, le cas est urgent. J'ai juste le temps de m'habiller. Je vous attends dans la fosse aux lions où l'on va vous jeter. A bientôt.»
3. Les FBI encerclaient clandestinement la maison de Daniel. Ils collaient leurs oreilles sur les portes, sur les murailles, pour percevoir le moindre bruit. A ce moment, ils ont surpris Daniel en train de prier Dieu. Malheureusement pour eux, ils n'avaient pas pu entendre la consigne de Dieu avec Daniel. Da.6:10
4. Ces détectives ont vite fait de le rapporter au roi. Les tentatives de sauver Daniel étaient vaines. Sa mort était certaine car des lions affamés l'attendaient.

IV. Daniel jeté dans la fosse aux lions

Il passa la nuit dans le Fort Dimanche de Babylone en compagnie des bêtes sauvages. Mais le gros lion était là: le Lion de la tribu de Juda. C'était Jésus. Lui seul pouvait décider du sort de Daniel.

V. Daniel vainqueur de tous les lions et des couleuvres rampantes.

1. Contrairement à Daniel, le roi n'a pas pu dormir. 6:18
2. Très tôt au matin, il est allé à la cage des lions pour dire son éloge funèbre à l' endroit du défunt. Mais une voix sortit du tombeau. C'était celle de Daniel. Le roi ne pouvait en croire à ses oreilles. Da. 6:20
3. Immédiatement, il ordonna de libérer Daniel et de le ramener à son poste. 6:23,28
4. Tous les flatteurs rampants et leur famille sont jetés dans la fosse. Ils étaient vite happés par les lions qui ne pouvaient davantage contenir leur faim. 6:24

Conclusion

Le malheur tue le méchant, mais les ennemis du juste sont châtiés.

Questions

1. Trouvez la meilleure réponse
   En face du danger Daniel cherchait du secours
   a. Dans la compagnie de ses amis influents.
   b. Dans la façade de ses expériences politiques.
   c. Dans le dépôt de ses armes de défenses.
   d. Dans la direction de Jérusalem, la ville de Dieu.

2. Trouvez la bonne réponse
   Le roi Darius aimait Daniel
   a. A cause de ses expériences politiques.
   b. A cause de sa probité.
   c. A cause de son amour pour Dieu.

3. Trouvez la bonne réponse
   Daniel était candidat au poste de premier ministre
   a. Parce qu'il était populaire.
   b. Parce que son rendement était supérieur à celui de ses collègues.
   c. Parce que Dieu était avec lui.

4. Trouvez la réponse convenable
   Les chefs ont donné au roi un certificat de Déité
   a. Parce qu'ils l'aimaient
   b. Parce qu'ils voulaient obtenir de lui leur propre promotion.
   c. Parce qu'ils voulaient par cet artifice, contribuer à la perte de Daniel.

5. Vrai ou faux
   a. Le roi aimait son pouvoir plus que Daniel __ V __ F
   b. Les lions ont épargné Daniel parce qu'il savait les nourrir. __ V __ F
   c. Daniel priait Dieu parce qu'il était en danger _ V _ F
   d. Les ennemis de Daniel ne connaissaient pas le lion de la tribu de Juda. __ V __ F
   e. La prière peut fermer la gueule des lions __ V __ F
   f. La prière peut faire trembler les rois. __ V __ F
   g. Dieu peut laisser le ciel pour voler au secours même d'un seul de ses enfants en danger. __ V __ F
   h. Dieu est toujours à l'heure. __ V __ F

Récapitulation des versets pour le trimestre

1. **Les héros d'Iraq à la cour du roi Nebucadnetsar**
   Que votre lumière luise ainsi devant les hommes afin qu'ils voient vos bonnes œuvres et qu'ils glorifient votre Père qui est dans les cieux. Mt.5:16

2. **Les héros d'Iraq et leur vie de pension**
   La crainte de l'Eternel enseigne la sagesse et l'humilité précède la gloire. Pr.15:33

3. **Les héros d'Iraq et leur vie de dévotion**
   Ne crains riens car je suis avec toi; ne promène pas des regards inquiets, car je suis ton Dieu; je te fortifie, je viens à tons secours, je te soutiens de ma droite triomphante. Es.41:10

4. **Les héros d'Iraq sur la sellette**
   Dieu est pour nous un refuge et un appui, un secours qui ne manque jamais dans la détresse. Ps.46:1

5. **Les héros d'Iraq en liberté provisoire**
   C'est ici la parole que l'Eternel adressa à Zorobabel: Ce n'est ni par la puissance ni par la force, mais c'est par mon Esprit, dit l'Eternel des armées. Za.4:6

6. **Le songe du roi révélé et expliqué.**
Car le Seigneur, l'Eternel ne fait rien sans avoir révélé son secret à ses serviteurs, les prophètes. Am.3:7

7. **Le songe du roi revu, corrigé et augmenté.**
Ne craignez pas ceux qui tuent le corps et qui ne peuvent tuer l'âme; Craignez plutôt celui qui peut faire périr l'âme et le corps dans la géhenne. Mt.10:28

8. **L'intervention du quatrième.**
L'ange de l'Eternel campe autour de ceux qui le craignent et ils les arrachent au danger. Ps.34:8

9. **La défaite du roi Nebucadnetsar**
L'Eternel est élevé; il voit les humbles et il reconnait de loin les orgueilleux. Ps.138:6

10. **La soumission du roi Nebucadnetsar**
Maintenant, moi Nebucadnetsar, je loue, j'exalte et je glorifie le roi des cieux, dont toutes les œuvres sont vraies et les voies justes, et qui peut abaisser ceux qui marchent avec orgueil. Da.4:37

11. **Daniel et la clé du mystère**
Et voici l'explication de ces mots. Compté: Dieu a compté ton règne et y a mis fin. Pesé: Tu as été pesé dans la balance et tu as été trouvé léger. Divisé: ton royaume sera divisé et donné aux Mèdes et aux Perses. Da.5: 26-28

12. **Daniel et le pouvoir de l'Invisible**
Lorsque Daniel sut que le décret était écrit, il se retira dans sa maison où les fenêtres supérieures étaient ouvertes dans la direction de Jérusalem; et trois le jour il se mettait à genoux, il priait et il louait son Dieu comme il le faisait auparavant. Da.6:10

Leçon spéciale : La Réformation

Textes pour le moniteur: Jn.4:35; Ac.20:24; Ro.1:17; Ph.3:13-14; Col.1:27
Texte pour la classe: Ro.1:15-17
Texte d'or: Jn.4:35
Méthodes: Comparaisons, discussion, questions
But: Développer le leadership dans l'église

Introduction
Dans les périodes de grande dépression économique ou de dégradation morale et spirituelle, il s'est toujours élevée une voix que tous les aspirants au changement doivent écouter. Martin Luther était venu en son temps et il s'était levé, avec en main le marteau de la Réformation pour saper les bases d'un Christianisme sans Christ. Le protestantisme est né de ce mouvement. Voilà qui nous amène à considérer les qualités du réformateur.

I. Un redresseur
1. Il voit ce qu'il faut corriger: Il fait des recherches sur le sujet à débattre.
2. Il consulte les prédécesseurs et surtout sa conscience
3. Il classifie ses trouvailles et les documente.

Martin Luther, un moine du monastère de l'ordre des Augustin était choqué quand l'un de ses paroissiens lui apporta un pamphlet appelé Indulgence qu'il vient d'acheter de Tetzel, un agent du pape, pour le pardon de ses péchés. Le document stipule aussi que, quand l'argent est tombé dans la caisse du pape, l'âme du défunt sort du purgatoire pour aller au ciel. Luther a vite fait de clouer sur la porte de son église à Wittenberg, 95 thèses pour dénoncer les erreurs de l'église. (Voyez Torche Brulante, Livre du maitre numéro 2)

II. **Un visionnaire**
Il ne voit pas sa famille, son salaire, sa personne mais le salut de son peuple et du monde comme un Martin Luther King dans son rêve pour une Amérique pour tous les fils du continent quel que soit leur couleur. Le leader doit lever les yeux pour concevoir un futur glorieux pour son peuple. Voila pourquoi Jésus dit aux disciples :
« Levez les yeux et regardez les champs qui blanchissent pour la moisson» Jn.4:35

III. **Un intransigeant**
Nous sommes au début du seizième siècle, la sainte Bible n'était pas encore populaire. Luther arrive à découvrir dans la Bible que le salut s'obtient seulement par la foi. Mis en demeure de renier ses dogmatiques et ses commentaires sur la Bible, Luther dira: «Si vous voulez que je renie ces écrits, montrez-moi mes erreurs par les Ecritures. Autrement, que Dieu me soit en aide.»
Paul dira: «Je ne fais pour moi-même aucun cas de ma vie comme si elle m'était précieuse... Il a accepté de prendre tous les risques pour défendre son idéal: «Christ, l'espérance de la gloire. Ac.20:24; Col.1:27
Il est allé jusqu'au bout avec ses idées. « Oubliant ce qui est en arrière et me portant vers ce qui est en avant (son

idéal), je cours vers le but pour remporter le prix de la vocation céleste de Dieu en Jésus-Christ ». Ph.3:13-14
Résultats:
1. Le protestantisme est né et l'Evangile est propagé à travers le monde. Des millions d'âmes sont sauvées.
2. La liberté est prônée par la Bible dans les pays des sauvages des Iles Polynésiennes, Mélanésiennes, Micronésiennes d'Hawaï.
3. La prière du Seigneur fut lue sur la lune le 20 Juillet 1969

Conclusion
Si vous n'avez pas de vision spirituelle, levez les yeux et regardez. Jn.4: 35

Questions

1. Identifiez les qualités d'un réformateur.
   Redresseur __ Chauffeur __ Visionnaire __ Intransigeant __ __ Bavard __ un sacrifié
2. Cochez la vraie réponse
   Les indulgences étaient vendues par __ Michel __ Tetzel __ Raphael.
3. Vrai ou faux
   Martin Luther était le père de Martin Luther King __ V __ F
4. Toussaint Louverture était un leader américain __ V __ F
5. Le protestantisme est né de la Réformation __ V __ F
6. Le visionnaire voit ses intérêts avant tout. __ V __ F

Série 4

Sécurité éternelle du croyant

Avant-goût

L'une des questions les plus controversées dans le monde évangélique est celui de la sécurité éternelle du croyant. Certains croient que le salut est relatif et conditionnel. On peut être sauvé aujourd'hui et perdu demain. D'autres croient que le salut est définitif. Qu'en dit la bible ?

Leçon 1 Le concept de l'homme

Textes de préparation: Ge. Chap. 1, 2, 3 ; Ex.33 : 17-23 ; Ep.2 :22 ; 1Th.5 :23
Texte à lire en classe : Ge.1 :26 -31
Texte d'or: Puis Dieu dit : Faisons l'homme à notre image, selon notre ressemblance, et qu'il domine sur les poissons de la mer, sur les oiseaux du ciel, sur le bétail, sur toute la terre, et sur tous les reptiles qui rampent sur la terre. Ge.1 :26
Méthodes : discours, comparaisons, questions
But : Présenter l'homme comme fils de Dieu

Introduction
Vous rappelez-vous que l'homme est une créature privilégiée de Dieu ? Vous rappelez-vous que son histoire participe à la destinée de cette planète? Pourquoi?

I. L'homme est une projection de Dieu
Dieu, en dialogue avec lui-même, avait dit : «Faisons l'homme à notre image » Ge.1 :26 Il l'a fait d'après lui-même. L'homme est la photocopie de Dieu. Si l'homme existe, Dieu existe car il est l'image dont Dieu est la réalité. On ne peut nier ou admettre l'un sans l'autre. L'homme est l'habitation de Dieu en esprit. Ep.2 :22
Voyons son investissement dan l'homme :
Dieu a mis en lui des « logiciels » pour qu'il fonctionne comme lui-même en sorte qu'il puisse communiquer avec Dieu en dépit de la distance et des circonstances. Ge.1 :26

1. Le corps est le hardware. Il porte en lui des appareils spéciaux pour son fonctionnement : La tête ou loge le cerveau et les organes où logent nos facultés sensorielles: l'ouïe, la vue, L'odorat, le gout et le toucher.
2. Le tronc avec tous les appareils digestifs, respiratoires et les membres pour faciliter nos mouvements.
3. Nos facultés psychologiques, notre être tout entier sont ces logiciels pour véhiculer sa vie en nous. L'intelligence pour comprendre, L'intuition pour percevoir, la volonté pour choisir, les sentiments pour apprécier, la mémoire pour nous rappeler des choses déposées dans notre subconscient, pour ne citer qu'eux, sont des facultés que Dieu a mises en nous pour notre plein fonctionnement.
4. La parole, les actions tiennent lieu d'imprimante pour traduire nos pensées tandis que le cerveau est notre CPU, le processeur , le quartier général d'où émanent toutes nos décisions.
5. Tout ceci ne vaut rien sans le souffle de Dieu dans les narines de l'homme. L'animal respire mais n'a pas le souffle de Dieu en lui. Voilà pourquoi il n'est pas fait a l'image de Dieu, il ne peut ni inventer ni exprimer comme nous ses désirs. Ge.2 :7
L'homme est corps, âme et esprit. 1Th.5 :23

II. L'homme est un représentant de Dieu

Il est l'associé de Dieu dans la gérance de la planète. Il est donc un être responsable de ses actes devant Dieu. Il n'est pas un robot, mais un être libre comme Dieu son créateur. Ge.1 :26-31
Il est un animal supérieur à tous les animaux car il est un être raisonnable.

Comme tel, il doit déployer ses moyens pour :
1. Conserver les plantes et les animaux selon leurs espèces.
2. Développer la création, l'embellir et l'adapter à ses besoins.
3. Rendre compte à Dieu de son frère, de ses biens et de son administration.
   a. Ainsi il doit aimer son frère et lui faire que du bien.
   b. Il doit donner à Dieu la dîme de ses biens.
   c. Il doit lui faire un rapport de sa façon de traiter la planète. Ge. 2 :15
   d. Il doit rendre gloire à ce patron pour sa générosité incomparable.

III. L'homme est fils de Dieu
1. Dans le jardin d'Eden, il était enveloppé de la gloire de Dieu. Spirituellement, il était couvert. Vous le comprenez bien puisqu'il pouvait voir la face de Dieu et vivre. Ge.3 :8 Nous verrons plus tard que l'humanité aura à perdre ce privilège. Ex. 33 :20

2. Dieu lui fit confiance pour remettre toutes choses entre ses mains en d'autres termes, la gérance de toute la planète. Ge.1 :26
3. Il devait aussi l'éprouver pour évaluer sa maturité d'homme. Adam ne savait pas que la vraie indépendance est basée sur la soumission à Dieu. Ge.2 :16-17
4. Adam ne rêvait pas, il vivait dans la grande réalité. Il n'avait nul besoin de prier car il possédait tout. Dieu était avec lui et n'imposait pas sa présence pour ne pas empiéter sur sa liberté. Tous ses enfants nés dans son état de sainteté étaient aussi des fils de Dieu avec la même substance spirituelle. Ge.6 :2
Voilà l'investissement massif d'un Dieu grand dans sa créature.

Conclusion
Si les choses avaient pu rester ainsi ? En vérité, je ne serais pas là pour en parler.

Questions

1. Si l'on dit que l'homme descend du singe, quelle serait votre réplique ? L'homme est créé à l'image de Dieu. Dieu n'est pas un singe. L'homme non plus

2. De combien de parties se compose l'homme ?
De corps, d'âme et d'esprit.

3. Qui les contrôle ? Dieu

4. Pourquoi Dieu créa t'il l'homme comme un être libre ?
   Pour pouvoir correspondre avec lui.

5. Quel est son devoir en tant que représentant de Dieu ?
   a. Glorifier Dieu
   b. Traiter son frère avec bonté.
   c. Gérer les biens de Dieu avec fidélité.
   d. Maintenir la permanence des êtres et des choses sur la planète.

6. Vrai ou faux
   a. Adam savait jeuner et prier __ V __ F
   b. Adam pouvait voir la face de Dieu et vivre__ V __ F
   c. Dieu a un corps comme le nôtre. __ V __ F
   d. Dieu avait remis toutes choses entre les mains d'Adam. __ V __ F
   e. Dieu avait fait d'Adam un être libre. __ V __ F
   f. Les enfants d'Adam nés avant la chute s'appelaient fils de Dieu. __ V __ F
   g. Les enfants d'Adam nés après la chute s'appelaient fils des hommes. _ V _F

Leçon 2 Le concept du salut

Texte de préparation: Ge.3 :20-21 ; Lu.17 :21 ; 19 :10 ; Jn.3 :16 ; 14 :15-20 ; Jc.4 :5
Texte à lire en classe: Lu.19 :1-10
Texte d'or: Croyez-vous que l'Ecriture parle en vain ? C'est avec jalousie que Dieu chérit l'Esprit qu'il a fait habiter en nous. Jc.4 :5
Méthodes: Discours, comparaisons, questions
But: Mettre en lumière la nouvelle stratégie de Dieu pour sauver l'homme.

Introduction
Dieu avait créé nos premiers parents avec toutes les capacités relatives de Dieu lui-même pour fonctionner. Adam était un être libre et responsable. Malheureusement, il ne savait pas que toute liberté en dehors de Dieu est une prison. Quelles en furent les conséquences ?

I. Le Salut d'Adam par un acte de rédemption. Ge.3 :21
1. Un beau jour, Adam et Eve ont décidé de désobéir à Dieu. Ils ont mangé du fruit défendu. Un simple test dans lequel ils ont échoué. Dès lors, ils furent dépouillés de la gloire de Dieu et devinrent nus. En vue de les racheter, Dieu a sacrifié un animal ; il en a pris la peau pour les couvrir. Adam et Eve devraient comprendre que le sang versé était la condition du rachat. Ge.4 :21 ; Ro.3 :23

2. Nous avons tous hérité le germe du péché de nos premiers parents. Et puisque Eve est appelée « la mère de tous les vivants », nous avons donc hérité de nos premiers parents les tares originelles. Ge.3:20 Nous sommes tous perdus. Ainsi toute la Bible pouvait être résumée en une question : « Adam où es tu ? » C'est Dieu à la recherche de l'homme. La réponse nous est apportée du ciel même, dans la bouche de Jésus-Christ « Car le Fils de l'homme est venu chercher et sauver ce qui était perdu. Ge.3 :9, Lu.19 :10

II. Le salut de l'humanité par un acte de rédemption universelle.

1. Quand Jésus dit « qu'il est venu chercher et sauver ce qui était perdu, il ne s'agit pas d'un quoi mais d'un qui. Il s'agit de Dieu qui veut se retrouver lui-même dans l'homme. Ce qui a fait de nous une personne c'est bien le souffle de Dieu en nous, son Esprit que le monde ne peut recevoir parce qu'il ne le voit point et ne le connait point. Jn.14 :17

2. La réhabilitation de l'homme dans son état premier avant la chute a occasionné une grosse dépense pour Dieu. Il ne pouvait envoyer moins que lui-même pour cette opération de sauvetage. Le monde entier mis en vente ne peut jusqu'ici couvrir les frais pour sauver même une âme. C'est pourquoi, pour détruire un mal universel, il lui faut un remède universel. Voilà la raison de Jean 3 : 16 « Car Dieu a tant aimé le monde qu'il a donné son Fils unique afin que quiconque croit lui en ne périsse point mais qu'il ait la vie éternelle. »

3. Je pourrais le traduire ainsi avec l'apôtre Jacques: C'est avec jalousie que Dieu chérit l'Esprit qu'il a fait habiter en nous. Voilà pourquoi il est venu lui-même rétablir son crédit par la restauration de l'homme. Dès lors, il fait sa résidence en nous pour nous diriger par son Esprit afin que l'acte d'Adam ne se répète plus. Jn.14 :20 ; Lu.17 :21 ; Jc.4 :5

Conclusion

Si vous saviez combien Jésus vous aime, Si vous saviez combien son joug est doux ! Ne gardez pas ce trésor pour vous-même, Allez l'offrir à tous et partout.

Questions

1. Quelle était la condition spirituelle d'Adam dans le jardin d'Eden ?
Il était couvert de la gloire de Dieu

2. Qu'est ce qui l'a rendu nu ?
Sa désobéissance à la voix de Dieu.

3. Qu'est ce que Dieu a fait pour le réhabiliter ?
Il a versé le sang d'un animal pour en avoir la peau et recouvrir Adam.

4. Que veut dire : « Adam où es-tu »
Dieu à la recherche de l'homme perdu ?

5. Où en trouvons-nous la réponse ?
   Jésus est venu chercher et sauver ce qui était perdu

6. Qu'est ce qui était perdu ?
   L'essence même de Dieu en l'homme, ce qui le rendait semblable à lui.

7. Pourquoi Dieu n'avait-il pas envoyé un ange pour cet opération de sauvetage' ?
   Dieu ne pouvait envoyer moins que lui-même pour reprendre une partie de lui-même.

8. Pourquoi Dieu a t'il consenti à tous ces frais ?
   Parce qu'il chérit avec jalousie l'Esprit qu'il a fait habiter en   nous.

Leçon 3 Un salut au mode conditionnel présent

Texte de préparation : Mt. 25 :41 ; Lu.9 :23 ; 23 :43 ; Jn.3 :16, 36 ; Ga.2 :20 ; Ep.2 :8 ; Col.3 :2 ; 1Th.5 :23 ; 1Jn.5 :10-13 ; Ju.24

Texte à lire en classe : Lu.9 : 23-26

Texte d'or : Car Dieu a tant aimé le monde qu'il a donné son Fils unique, afin que quiconque croit en lui ne périsse point, mais qu'il ait la vie éternelle. Jn.3 :16

Méthodes : Discours, comparaisons, questions

But : Présenter l'actualité du salut à tous ceux qui croient

Introduction

Nous avons vu comment Dieu a tout fait pour garantir notre salut. Il vous faut seulement retenir que Dieu n'a jamais, jamais, jamais détruit notre liberté. Nous avons toujours le droit de refuser son offre. Vous comprenez pourquoi et jusqu'ici, certains refusent de recevoir la vie éternelle qui leur est offerte gratuitement.

I. Quel genre de salut ?
1. Un salut réel, actuel, expliqué à l'indicatif présent. Jn.3 :16, 36 ; 1Jn.5 :10-13
2. Un salut éternel et définitif. Jn.10 :28
3. Un salut gratuit. Il ne dépend pas de nos efforts mais d'un acte délibéré du Seigneur. Ep.2 :8-10

4. Un grand salut. Ce salut est universel. Il s'étend à tous les pécheurs. Ainsi, il n'est pas juste qu'il soit dédaigné. He.2 :3-4
5. Ce salut est automatique: le bon larron sur la croix n'avait pas à faire des œuvres pour être sauvé. Jésus lui disait : Aujourd'hui même, tu seras avec moi dans le paradis. Il parlait de son âme et non de son corps qui aurait pu être enterré, brulé, écartelé, que sais-je ?.... mais son âme a été sauvée. Lu. 23 :43

II. Notre décision face à ce salut
1. D'une manière positive
   a. Notre décision de le suivre est volontaire. Il ne nous force pas. Lu. 9 :23
   b. Notre décision de le servir est un acte volontaire. Il ne nous force pas. Ro.12 :1
   c. Notre décision de nous consacrer à lui est un acte volontaire. Il ne nous force pas. Ga.2 :20
   d. Notre décision de mourir pour lui est encore un acte volontaire ; il ne nous force pas. Col.3 :2 Il suffit de croire en ce que Jésus représente. Jn.8 :24
2. D'une manière négative :
   a. Si nous décidons de lui être infidèle, il ne nous force pas. Cependant, lui il demeurera fidèle. 1Th.5 : 23
   b. Si nous décidons de l'abandonner, il ne nous force pas. Cependant, il mettra tout en œuvre pour nous préserver de toute chute. Jude.24

c. Mais si quelqu'un lasse sa patience en reniant la foi en lui, il n'a d'autre choix que de l'envoyer en enfer préparé, non pas pour lui, mais pour Satan et ses anges. Mt.25 :41

Conclusion
Cette question est péremptoire.
Que décidez-vous mon ami?

Questions

1. Quelle est la qualité du salut ?
   Le salut est actuel, automatique, définitif
2. Combien nous coute t-il ?
   Rien
3. Comment l'obtenir ?
   Il faut croire au Seigneur Jésus comme son Sauveur
4. Dieu nous force t'il à le suivre ?
   Non
5. Dieu nous force t'il à le servir ?
   Non
6. Qu'est ce qu'il fait pour nous garder dans le salut ?
   Il nous préserve de toute chute.
7. Qu'arrive t-il si malgré tout, nous décidons d'abandonner Dieu ?
   Il nous enverra en enfer

Leçon 4 Le chrétien, un citoyen de la Cité Céleste

Texte de préparation : Lu.9 :62 ; Jn.8 :36 ; Ro.8 :1 ; 1Co.6 :2-3 ; 9 :27 ; 2Co.5 :19 ; Col.3 :15 ; Hé.2 :3 ; 10 :39 ; 1Pi.2 :9 ; Ap.1 :5-6
Texte à lire en classe : Ep.2 :11-18
Texte d'or : Mais maintenant, en Jésus-Christ, vous qui étiez jadis éloignés, vous avez été rapprochés par le sang de Christ. Ep. 2 :13
Méthodes : Discours, comparaisons, questions
But : Rappeler aux chrétiens l'excellence de leurs privilèges en Jésus-Christ.

Introduction
Savez-vous que l'estime de Dieu pour nous est incomparable ? Pour bien la comprendre, il nous faudrait comparer nos privilèges de chrétien avec ceux des romains du temps de l'apôtre Paul.

I. Le Droit Romain
Quand le Nouveau Testament était écrit, la Palestine était une colonie romaine. Il était lors établi que, pour jouir du jus gentium ou droit des gens et du jus civitatis ou droit de citoyen, il vous faudra être un citoyen romain ou un affranchi. Avec ces droits, vous pouvez voter, posséder, vous marier et obtenir des privilèges dans le gouvernement romain. Les hostes, les pérégrins n'ont pas

le droit de mettre les pieds dans la ville de Rome. Ils doivent demeurer à 100 lieues de la ville éternelle comme on se plaisait à l'appeler.

II. Le Droit Chrétien

Paul en a fait allusion quand il parle de la condition des païens qui ne pouvaient s'approcher du Dieu d'Israël lorsqu'il dit : « Autrefois vous étiez sans Christ, privé du droit de cité (jus civitatis) en Israël, étrangers (hostes) aux alliances de la promesse, sans espérance et sans Dieu dans le monde. En somme, vous étiez des hostes, des pérégrins Mais maintenant, en Jésus-Christ, vous qui étiez éloignés (pérégrins), vous avez été rapprochés par le sang de Christ. Nous sommes en Christ des affranchis. Car il a payé le prix pour nous accorder le droit à la liberté. Jn.8 :36 ; Ro.8 :1

III. Les privilèges du chrétien

1. Droit d'intimité avec le roi. Nous vivons maintenant dans le secret de Dieu. Nous sommes une race élue, une nation sainte, un peuple acquis. 1Pi.2 :9
2. Droit à de hautes fonctions spirituelles dans ce monde. Dieu nous élève au rang de sacrificateurs, d'ambassadeurs, de ministres de la réconciliation, de nation sainte c'est-à-dire des privilégiés. 2Co.5:19 ; 1Pi.2 :9 ; Ap.1 :5-6

3. Droit à de plus hautes fonctions dans l'autre monde. Nous serons bientôt élevés au rang de juges pour juger les anges rebelles et le monde incrédule. 1Co.6 :2-3

IV. Notre responsabilité face à ce Droit
1. Le maintenir par notre persévérance. C'est une manière de justifier la confiance que Dieu nous a faite en nous donnant un salut gratuit. Ro.12 :1
Paul dira : « Oubliant ce qui est en arrière et me portant vers ce qui est en avant, je cours vers le but pour remporter le prix de la vocation céleste en Jésus-Christ. »
Jésus dira : celui qui met la main à la charrue et qui regarde en arrière n'est pas digne de moi. Lu.9 :62
2. Montrer notre reconnaissance en témoignant les bienfaits de Dieu en Christ. Col.3 :15b
3. Nous discipliner pour ne pas plaisanter avec un si grand salut. Hé.2 :3
Un Paul dira : « Je traite durement mon corps (chair) et je le tiens assujettis de peur d'être rejeté après avoir prêché. 1Co.9 :27
Ainsi, du coté de Dieu le salut est un don gratuit, éternel, définitif. Du coté de l'homme, il est un choix. Vous comprenez maintenant pourquoi l'écrivain aux hébreux dit : « Nous ne sommes pas de ceux qui se retirent pour se perdre, mais de ceux qui ont la foi pour sauver leur âme. » Hé. 10 :39

Conclusion

Et maintenant, puisque vous êtes éclairés, que vous avez gouté du don céleste, que vous avez part au Saint Esprit et que vous avez en main une carte de résidence éternelle pour le ciel, allez vous jouer avec votre droit de citoyenneté chrétienne ? A vous seul de répondre.

Questions

1. Qu'était la Palestine au temps de l'apôtre Paul ?
   Une colonie romaine
2. Qu'est ce que le jus gentium chez les romains ?
   Le droit des gens
3. Qu'est ce que le jus civitatis ?
   Le droit de citoyenneté
4. Qui étaient les hostes ?
   Les peuples esclaves de l'Empire romain
5. Qui étaient les pérégrins ?
   Les peuples appelés à vivre loin de Rome
6. A quoi Paul compare t'il les païens convertis ?
   Aux gens sans droit ni qualité devant Dieu?
7. Qu'est ce qui leur donne le droit de s'approcher de Dieu ?
   Le sang de Jésus-Christ
8. Citez les nouveaux noms du chrétien
   Ambassadeur, ministre, sacrificateur, peuple privilégié, juge
9. Comment devons nous apprécier ce droit ?
   Par notre persévérance, par notre reconnaissance envers Dieu, par notre obéissance à sa parole.
10. Dites ce qu'est le salut pour Dieu et pour l'homme.
    Pour Dieu c'est un don gratuit, éternel et définitif. Pour l'homme c'est un choix.

Leçon 5 Quelle est la place des œuvres dans le salut

Texte de préparation : Mt. 6 :3-4 ; 7 :21 ; 10 :42 ; 1Co.9 :25 ; 3 :12-15 ; Ga.2 :20 ;
Ep. 2 :8-10 ; Ph.2 ; 12 ; 2Ti.4 :8
Texte à lire en classe : Ep.2 : 1-10
Texte d'or : Car c'est par la grâce que vous êtes sauvés, par le moyen de la foi. Et cela ne vient pas de vous, c'est un don de Dieu. Ce n'est point par les œuvres afin que personne ne se glorifie. Ep.2 :8-9
Méthodes : discours, comparaisons, questions
But : Détourner les chrétiens de l'idée du salut par les œuvres.

Introduction
Dans la trame de notre salut, le dicton « Aide-toi et le ciel t'aidera » ne colle pas. Comment donc considérer les œuvres dans notre salut ?

I. La place des œuvres dans le Salut.
1. Notre salut ne dépend pas de nos œuvres mais d'un acte de miséricorde du Seigneur. Nous sommes sauvés par grâce, par le moyen de la foi. Ep.2 :8
2. Jésus ne nous appelle pas à faire mais pour constater que tout a été fait. Car le jour où il nous avait appelés, nous étions fatigués et chargés. Ainsi il nous a appelés au repos et non au travail. Tout était accompli pour

nous sur la croix. Les œuvres à accomplir sont seulement celles qu'il a préparées d'avance afin que nous les pratiquions. C'est donc lui qui bâtit le programme de notre vie. Ep.2 :10
3. Là encore, ce n'est pas nous qui faisons mais lui qui fait en nous. Gal. 2 :20

II. Quand nos œuvres sont-elles comptées ?
1. Quand le Saint-Esprit opère en nous son œuvre de dépouillement, de sanctification. Et il arrivera un moment où le chrétien dira :
Et maintenant si je vis ce n'est plus moi qui vis, mais c'est Christ qui vit en moi. Le texte aux Galates amplifié se traduira ainsi : « Si je fais, ce n'est plus moi qui fais, mais c'est Christ qui fait par moi. Si j'agis, ce n'est plus moi qui agis, mais c'est Christ qui agit en moi. Je lui remets volontairement le volant de ma vie pour qu'il me dirige. Ga.2 :20
Là encore, Dieu n'affecte pas notre liberté. Notre décision de nous abandonner à lui vient de notre propre volonté. A partir de ce moment, nos œuvres sont comptées et sont récompensées :
2. Quand nous faisons du bien au prochain au nom de Jésus. Mt. 10 :42
3. Quand nous exerçons un ministère fidèle aux malades, aux prisonniers, aux pauvres, que Jésus appelle « le plus petit de ses frères » 1Co. 9 :25 ; 2Ti.4 :8

III. Quand nos œuvres ne sont' elles pas comptées ?

1. Quand nous croyons qu'elles nous donnent droit au salut. Retenez que le salut est un don de Dieu. Il s'acquiert par la foi dans le sacrifice de Jésus-Christ sur la croix. Quant à la couronne, elle est une récompense et elle s'acquiert par les œuvres. 1Co.3 :15
2. Quand nous les faisons pour être vu, pour rechercher l'attention des hommes ou leur approbation. Mt. 6 :3-4
Retenez que les œuvres sans les épreuves ne font pas preuves. Il faut donc qu'elles passent par le feu des souffrances et qu'elles résistent. 1Co.3 :12-15
3. Quand nous les faisons, alors que nous sommes animés de mauvaises intentions ou que nous vivons dans l'iniquité. Mt.7: 21
Chasser les démons, guérir, prêcher l'Evangile, prophétiser au nom de Jésus ne qualifient personne pour le salut. Le salut n'est pas méritoire mais gratuit. Il est inutile de les évoquer maintenant ou au dernier jour pour être sauvé.

Conclusion

Gare à vous qui croyez que votre salut est assuré parce que vous travaillez dans une église ou que vous avez beaucoup contribué en œuvres, en activités, ou en argent.
Venez à Christ maintenant et obtenez gratuitement le salut. Lui, il fera ses œuvres en vous au profit du prochain selon son bon plaisir.

Questions

1. Combien d'œuvres nous faut 'il faire pour hériter le ciel ?
   Aucune

2. Comment a été payé notre salut ?
   Par le sacrifice de Jésus-Christ sur le bois de la Croix

3. Qu'est-ce que Dieu attend de nous ?
   De faire les œuvres qu'il a préparées d'avance pour être pratiquées

4. Quand nos œuvres sont –elles comptées ?
   a. Quand le Saint Esprit nous dépouille et habite en nous.
   b. Quand nous faisons tout au nom de Jésus-Christ
   c. Quand nous sommes animés de bonnes intentions

5. Quand nos œuvres ne sont 'elles pas comptées ?
   a. Quand nous croyons que notre salut dépend d'elles
   b. Quand nous sommes animés de mauvaises intentions
   c. Quand nous les faisons par pure vanité.

6. Quelle est la récompense à notre foi ?
   Le salut

7. Quelle est la récompense à nos œuvres ?
   La couronne.

Leçon 6 La certitude du salut

Texte de préparation : Mt.7 :21-22 ; 11 : 28 ; 13 : 36-43 ; 1Pi.1 :18 ; 1Jn.5 :1 ;
Texte à lire en classe : Jn. 10 : 26-29
Texte d'or : Je leur donne la vie éternelle; et elles ne périront jamais, et personne ne les ravira de ma main. Jn.10 : 28
Méthodes : Discours, discussion, questions
But : Affermir la foi des chrétiens sur leur salut.

Introduction
Certains nouveaux croyants sont confrontés par le doute au début de leur conversion. Ils se disent : « Suis-je réellement sauvé ? »

I. Comment savoir si quelqu'un est sauvé ou perdu ?
   1. Notre salut ne dépend pas du choix de notre religion. Jésus avait bien dit : « Venez à moi » Mt.11 : 28 En effet s'il y avait une religion qui sauve, tout le monde y serait. Jésus s'était fait clair dans Jn 3:16
   2. Notre salut ne dépend pas de nos sentiments. Je ne peux me sentir sauvé ou perdu. Mon salut dépend d'un acte posé par Dieu lui-même. Il a payé le prix de mon salut en acceptant le sacrifice de Jésus-Christ pour moi sur la croix. Un fait est un fait. Je ne peux me sentir citoyen. Je le suis en fait. Je ne peux me sentir libéré. Je le suis en fait. Je ne peux me sentir sauvé. Je le suis en fait. Quiconque croit que Jésus est le Christ, c'est à dire le Sauveur, est né de Dieu .1Jn.5 :1

3. Notre salut ne dépend pas de nos efforts. Nous sommes sauvés non à cause des œuvres de justice que nous aurions faites, mais selon sa miséricorde, par la nouvelle naissance et le renouvellement du Saint Esprit Ti.3 :5
Pierre ajouterait : « ...par le sang précieux de notre Seigneur Jésus-Christ. 1Pi.1:18-19
4. Notre salut ne dépend pas de nos activités dans l'œuvre de Dieu. Le plus grand danger qu'on peut encourir est de croire que puisqu'on a pu chasser un démon et guérir un malade, puisqu'on a pu prêcher l'évangile, on a droit au ciel. Ce sont là des œuvres que Dieu permette de se réaliser pour la gloire de son nom, pour sa réputation. Mais à vous, il dira « dehors parce que, tandis que vous faisiez ces choses vous commettiez des iniquités. Mat. 7 :21-22
5. Notre salut ne dépend pas des opinions d'autrui sur notre conduite. Jésus nous dit : Ce ne sont pas ceux qui disent Seigneur, Seigneur, qui seront sauvés mais ceux qui font la volonté de mon Père qui est dans les cieux. Comment les reconnaître ? Ceci, c'est l'affaire du Seigneur. Il nous dit de ne pas juger. Il préfère laisser le bon grain et l'ivraie croitre ensemble et réserver le dernier jour pour ôter du monde tous les scandales. Mt.13 :36-43

II. La source de notre salut.
1. Notre salut dépend de l'amour et de la miséricorde de Dieu. « Car Dieu prouve son amour envers nous, en

ce que, lorsque nous étions encore des pécheurs, Christ est mort pour nous ». Ro.5 : 8.
2. Notre salut dépend de la générosité de Dieu. Dieu n'est pas disposé à reprendre ce qu'il nous donne librement. C'est pourquoi Jésus disait de ses brebis, c'est-à-dire, des personnes qui croient en lui : « Je leur donne la vie éternelle et elles ne périront jamais, et personne ne les ravira de ma main. Jn.10 :28
3. Notre salut vient du droit de rachat de Jésus-Christ. Puisque le Père a remis toutes choses entre ses mains, il peut déclarer péremptoirement « Si le Fils vous affranchit, vous serez réellement libres. Jn.3 :35 ; 8 :36
Je vous ai écrit ces choses, afin que vous sachiez que vous avez la vie éternelle, vous qui croyez au nom du Fils de Dieu. 1Jn.5 : 13

Conclusion

Fort de cette certitude, marchons avec joie dans le bon chemin, dans l'étroite voie du bonheur sans fin, laissant en arrière les biens d'ici bas, prions notre Père de guider nos pas. Comptant sur sa grâce, remplis de sa paix, que rien n'embarrasse nos pas désormais.

Questions

1. Quelle est la religion qui mène au ciel ? Aucune

2. Combien de biens dois-je faire pour aller au ciel?
   Aucun

3. Combien de mal dois-je commettre pour aller en enfer ?
   Aucun

4. Suis-je sauvé si je me sens sauvé ? Non

5. Suis-je perdu si je me sens perdu ? Non

6. Comment savoir si je suis sauvé?
   Il vous faut seulement croire en Jésus comme votre sauveur personnel.

7. Suis-je perdu si je me mets en colère avant de mourir ?
   Non
   Expliquez. Vous perdrez des récompenses mais pas le salut. 1Co.3 :15

Leçon 7 Qu'arrivera-t-il si je commets un péché grave ?

Textes de préparation : 1Co. 3 :12-16 ; Ph.2 : 13 ; 1 Th.5 : 23 ; Ti. 3: 5; Hé.2:3-4; 1Pi.1:18; Ap.22: 15
Texte à lire en classe : 1Co.3 :12-16
Texte d'or : Si l'œuvre de quelqu'un est consumée, il perdra sa récompense ; pour lui, il sera sauvé, mais comme au travers du feu. 1Co.3 :15
Méthodes : Discussion, comparaisons, questions
But : Edifier les chrétiens sur la grandeur du salut déterminée par la patience de Dieu.

Introduction
Dieu veut-il que nous vivions avec un sentiment éternel de culpabilité? Notre salut, est-il incertain, hypothétique? Dois-je douter des promesses de Dieu ? Dois-je douter de mon sort après la mort ?

I. Ma condition après la conversion
   1. Une vie déposée à la Banque de Dieu. Dès la première minute de ma conversion, ma vie n'est plus sous ma responsabilité. Elle est cachée, elle est mise en compte d'épargne avec Christ en Dieu. Christ devient ma vie. Quand Christ, ma vie paraitra, je paraitrai aussi avec lui dans la gloire. Col.3 :1-3

2. Une vie enviée par Satan le diable. De même qu'il avait tenté Adam dans le jardin, de même qu'il avait tenté Christ dans le désert, il va nous tenter aussi. Adam avait toléré Satan, ainsi il a échoué. Jésus ne l'a pas toléré ; il l'a chassé. Il nous donne tout pouvoir pour le chasser. Sachant bien comment le diable est rusé, Dieu intervient aussi pour nous préserver de toute chute.   Ge. 3 :6 ; Mt.4 : 10 ; Ju.24

II. Les incidents de parcours après la conversion
1. Nous aurons des épreuves, des tribulations dans le monde. Des épreuves communes à tous les hommes. Satan voudra nous séduire pour nous porter à faire le « tirage de notre vie à la Banque de Dieu » et la gaspiller dans les choses du monde (plaisir, corruption, superstition, vol, crime, adultère…) Cependant, Dieu ne permettra pas que nous soyons tentés au-delà de nos forces. Là, au milieu de notre tentation, il va s'assurer de notre victoire. 1Co.10 :13
2. Nous sommes quand bien même sujets à pécher. Mais qu'arrivera-t-il si je commets un péché grave ? Mon salut n'est pas perdu par une faute grave ou non, mais il dépend de la miséricorde de Dieu qui fait grâce. He.2 :3-4 Ici je serai sauvé comme au travers du feu, comme le bon larron, en perdant le bénéfice de mes œuvres, mais jamais mon salut. Si l'œuvre bâtie par quelqu'un sur le fondement subsiste, il recevra une récompense. Si l'œuvre de quelqu'un est consumée, il perdra sa récompense; pour lui, il sera sauvé, mais comme au travers du feu . 1Co.3 :12-16

a. Il nous faut reconnaitre que l'âme du chrétien est éclairée par la lumière de la conscience. Il sait quand il fait mal pour confesser ses fautes et rechercher la paix avec tous et la sanctification sans laquelle nul ne verra le Seigneur. Par contre, il ne peut prendre plaisir à pécher et ensuite évoquer la miséricorde de Dieu au fils prodigue. Dieu lui dira alors « dehors chien ou cynique ». Ap. 22 :15
b. Il faut aussi retenir que mes efforts ne me permettront jamais de maintenir l'équilibre spirituel. C'est Dieu qui produit en nous le vouloir et le faire selon son bon plaisir. Phil.2 :13 Car il est un Dieu fidèle toujours à l'œuvre dans notre corps, dans notre âme, et dans notre esprit pour les conserver sans reproche jusqu'à son avènement. 1Th.5 :23
c. Il nous a sauvés non pas selon les œuvres de justice que nous aurions faites mais par le sang précieux de son Fils Jésus-Christ, comme d'un agneau sans défaut et sans tache, par le renouvellement du Saint Esprit. Tit.3 :5 ; 1Pi.1 :18
d. Tant que nous sommes dans ce corps, nous sommes exposés aux péchés. Il nous faut nous les pardonner les uns les autres au nom de l'amour en Christ pour nous identifier comme ses disciples. Si nous confessons nos péchés, il est fidèle et juste pour nous les pardonner et nous purifier de toutes iniquités. 1Jn.1 :9

Conclusion

Voyez quel amour le Père nous a témoigné pour que nous soyons enfants de Dieu ! Restons des enfants légitimes et bénissons le nom de Dieu pour un si grand salut.

Questions

1. Quelle es ma condition après la conversion ?
   a. Ma vie est entre les mains de Dieu
   b. Satan cherchera à me tenter
   c. Dieu me préservera de tout mal
2. Comment résister à la tentation ?
   Il nous faut nous soumettre à Dieu et résister au diable
3. Suis-je perdu pour avoir commis une faute grave ?
   Non. Il vous faut la confesser
4. Et si je prends plaisir à pécher et dire après que Dieu va me pardonner ?
   Il vous dira dehors chien.
5. Puis-je aider Dieu dans mon salut ?
   Non. Tout est accompli à la croix du calvaire.
6. Comment puis-je maintenir ma foi en Jésus ??
   Il peut vous préserver de toute chute
7. Comment peut-on éviter d'aller en enfer ?
   Il faut absolument croire en Jésus comme Sauveur personnel.

Leçon 8 Le péché contre le Saint Esprit

Textes de préparation : Mt.12 :31-32 ; 24 :37 ; 25 :41 ; Ph.2 :11 ; 3 :18-19 ; 1Ti.1 :19 ; Hé.10 :39 ; 1Pi.3 :18
Texte à lire en classe : Mt.12 :22-32
Texte d'or : Quiconque parlera contre le Fils de l'homme, il lui sera pardonné ; mais quiconque parlera contre le Saint – Esprit, il ne lui sera pardonné ni dans ce siècle ni dans le siècle à venir. Mt.12 : 32
Méthodes : Discussion, comparaison, questions
But : Montrez la souveraineté de Dieu dans ses décisions.

Introduction
Pas de pardon pour le péché contre le Saint–Esprit. Ce verdict fait courir un frisson dans le dos ! Y a-t-il un pourvoi à ce jugement ? Est-ce réellement un verdict ou un avertissement ?

I. Péché contre le Saint –Esprit.
Jésus-Christ a déclaré : « Tout péché et tout blasphème sera pardonné aux hommes, mais le blasphème contre l'Esprit ne sera point pardonné.   Quiconque parlera contre le Fils de l'homme, il lui sera pardonné; mais quiconque parlera contre le Saint Esprit, il ne lui sera pardonné ni dans ce siècle ni dans le siècle à venir.» Mt.12 :31-32

II. Pourquoi ce jugement?
1. Parce que le Dieu créateur dispense toute grâce excellente et tout don parfait en votre faveur. Vous avez préféré vivre dans les ténèbres parce que vos œuvres sont mauvaises.
2. Parce que Dieu le Fils est venu vous chercher pour vous sauver et a tout fait pour vous préserver de toute chute. Malgré tout, vous méprisez la grâce de Dieu.
3. Parce que Jésus-Christ laisse le Saint-Esprit pour vous conduire dans toute la vérité, et puis vous blasphémez contre le Saint-Esprit. Vous êtes un indécrottable !

III. Définitions : Qu'entend-t-on par péché contre le Saint- Esprit ?
Dans le passage de Mathieu 12 : 24-37, Jésus-Christ blâme les pharisiens pour avoir attribué les œuvres du Saint-Esprit à Satan le Diable, son ennemi numéro un.
1. Le premier péché contre le Saint Esprit, c'est d'accorder à Satan la paternité d'une œuvre de Dieu. Satan est aigri contre nous mais surtout contre Dieu qui habite en nous. 1Co.6 :19-20
2. Le péché contre le Saint-Esprit est la rébellion ouverte de quelqu'un contre l'autorité de Dieu. Par exemples :
    a. Un chrétien qui porte sur lui des talismans ou des signes diaboliques.
    b. Le refus d'obéir à l'Esprit quand il vous convainc de péché.
    c. Un chrétien en consultation chez les diseuses de bonnes aventures, les télékinésistes, les houngans, les cartomanciens, les nécromanciens, les

chiromanciens. Il a perdu sa conscience chrétienne et partant, la capacité d'entendre la voix de Dieu parler à son cœur. Ceux-là, dit Paul, ont fait naufrage par rapport à la foi. 1Tim. 1 :19

d. Là encore ils auraient pu être sauvés in extremis quand la bible dit : « Quiconque invoquera le nom du Seigneur Jésus sera sauvé ». Ainsi vous avez choisi d'être perdu, et comme Dieu n'avait fait de plan que pour les sauvés, il vous dira « Allez au feu éternel préparé pour Satan et ses anges. Mat.25 : 41

e. Ces gens marchent en ennemi de la croix de Christ. Leur fin sera la perdition; ils ont pour dieu leur ventre, ils mettent leur gloire dans ce qui fait leur honte, ils ne pensent qu'aux choses de la terre. Phil.3 :18-19

Paul cite le cas de ceux-là qui n'hériteront pas du royaume de Dieu : Ne savez-vous pas que les injustes n'hériteront point le royaume de Dieu? Ne vous y trompez pas: ni les impudiques, ni les idolâtres, ni les adultères, les gason makomè, les lesbiennes ou efféminés, ni les infâmes, ni les voleurs, ni les cupides, ni les ivrognes, ni les outrageux, ni les ravisseurs, n'hériteront le royaume de Dieu. Et c'est là ce que vous étiez, quelques-uns de vous. Mais vous avez été lavés, mais vous avez été sanctifiés, mais vous avez été justifiés au nom du Seigneur Jésus Christ, et par l'Esprit de notre Dieu. Tous ceux-là qui méprisent la grâce de Dieu peuvent tomber dans la chute et dans la perdition éternelle. L'écrivain aux Hébreux déclare : « Nous ne sommes pas de ceux qui se retirent pour se perdre mais de ceux qui ont la foi pour sauver leur âme ». He.10 :39 En d'autres termes, nous ne sommes pas de ceux qui plaisantent avec l'Evangile.

Nous le prenons pour une affaire sérieuse au point de persévérer jusqu'à la fin. Reconnaissez bien ici que la persévérance n'est pas notre régularité à l'Eglise. La persévérance pour être sauvé, c'est marcher avec Dieu. Si vous la négligez, vous ne pouvez être sauvé. Mt.24 :13 Méfiez-vous de votre façon d'accéder à l'Évangile: la religion n'a jamais été la voie d'accès au royaume de Dieu. Il faut absolument aller à la croix du Calvaire. A la vérité celui qui est perdu n'était jamais sauvé. Qui est–il ? Je ne sais. Jésus sait. Jésus dit « de ne pas juger ». Pour vous qui êtes le temple de Dieu, racheté à un grand prix, travaillez à votre salut (1) avec crainte et tremblement. Ph.2 :11
Je dis **à** votre salut et non **pour** votre salut. En d'autres termes, vous devez faire tendre tout à votre salut en vous débarrassant de toutes œuvres mortes que vous aviez héritées de votre vaine manière de vivre. 1Pi.1 :18

Conclusion :
Voyez combien grand le changement que Dieu produit en vous ! Il vous met loin du blasphème et du péché contre le Saint-Esprit ! Donnez gloire à Dieu pour son don ineffable !

Questions
1. Que veut dire « Pécher contre le Saint-Esprit » ?
   C'est glorifier Satan pour ce que Dieu a fait
2. Quel était le rôle de Dieu le Père ?
   Créer le monde et s'associer à l'homme pour gérer la planète
3. Quel était le rôle de Dieu le Fils ?
   Sauver le monde qui est sous la puissance du malin
4. Quel est le rôle du Saint-Esprit ?
   Nous conduire dans toute la vérité
5. Peut-on aller au ciel sans le Saint-Esprit ? Non
6. Citez certains péchés contre le Saint-Esprit
   a. Consultation des psychics, des houngans
   b. Le port sur soi des talismans
   c. Le refus d'obéir à la voix du Saint-Esprit quand il vous convainc de péché.

Leçon 9 Les 3 stades de pécheurs face au salut

Textes de préparation : Jn.3 :16 ; 5 :39 ; Ro.6 :21 ; 7 : 15-21 ; 8 :5-13 ; Ep.2 :1 -3; 4 :10-31 ; 1Co.2 : 15, 32 ; 3 :1-4 ; 1Th.5 :17 ; Jc.3 :13-16 ; 1Pi.2 :1-5
Texte à lire en classe: 1Co.2 :11-16
Texte d'or : Or nous n'avons pas reçu l'esprit du monde, mais l'Esprit qui vient de Dieu, afin que nous connaissions les choses que Dieu nous a données par sa grâce.1Co. 2 : 12
Méthodes : Discours, discussions, comparaisons, questions
But : Nous permettre de faire un sondage sur notre condition spirituelle.

Introduction
Qu'on le veuille ou non, la Bible parle de trois classes de pécheurs. Il dépend de vous de déterminer votre condition spirituelle à partir de l'une d'elles.

I. L'homme naturel
C'est l'paien, pur et simple. Il est mort spirituellement. L'paien ou sans-Dieu, est semblable à une maison bâtie dans un développement avec toutes les dispositions pour recevoir l'eau, l'électricité, le câble, le téléphone mais sur laquelle personne n'a signé un contrat. Pour que la maison devienne habitable, il faut la visite et l'autorisation d'un inspecteur. Lorsque Jésus vient pour faire un contrat sur votre vie, il rend votre vie habitable ; le Saint–Esprit vous éclaire; l'eau de la grâce va jaillir en vous jusque dans la vie éternelle.

Vous pouvez parler à Dieu et lui soumettre tous vos besoins.
Pourquoi tout cela ?
C'est parce que l'homme naturel est ainsi présenté :
1. Il suit le train de ce monde. Il est aveugle aux choses spirituelles.
2. Il agit selon le prince la puissance de l'air. Ep.2 :3
3. Il agit selon l'esprit qui anime les fils de la rébellion.
4. Il agit selon la chair comme le premier Adam. Il n'a que faire de l'ordre de Dieu. Il prend son plaisir maintenant comme Adam qui mange la pomme sans prier, je veux dire sans le permis de Dieu. Il est mort par ses offenses. Ep.2 :1.
5. Il est mort spirituellement malgré les avantages de la chair : auto, maison, argent, popularité. Jn.3 :16
6. Il vit dans les ténèbres du péché. Sa lumière est ténèbres. Eph.4 :17-19
7. Il croit en ses raisonnements et non dans la direction du St Esprit Eph.2 :1-3

Voilà pourquoi Satan a droit sur lui.

Recommandations : Jésus a déjà signé le contrat avec son sang pour rendre votre vie habitable. Vous n'avez qu'à venir à lui pour ratifier ce contrat et avoir la vie. Jn.5 :39

II. L'homme charnel
Caractéristiques :
Il croit en Dieu mais il est fortement dominé par ses tendances. Il s'excuse facilement en disant : « la chair est faible »

1- Un chrétien qui se fait souci pour les choses matérielles, périssables.
2- Un chrétien charnel que Satan peut facilement dévier car sa persévérance dépend en grande partie de sa sécurité matérielle. Si tout va bien, il donne gloire à Dieu et va à l'église. Dans le cas contraire, il reste chez lui et ne prie même pas.
3- Un chrétien sans stabilité émotionnelle. Il évoque toujours le cas de légitime défense et admet difficilement qu'il a tort.
4- Dans sa vie, il donne beaucoup plus de place à la raison qu'à la foi. Il croit devoir aider Dieu. C'est pourquoi il prie très peu et ne jeûne que peu ou jamais. Rom.7 :15-21
5- Il recherche de l'ambiance et les plaisirs des sens, même dans les activités évangéliques. Rom.8 :5-8
6- Il est dominé par la jalousie, les rivalités, la discrimination, les différences de peau, de beauté du visage. Il aime animer des discussions inutiles.
7- Il fait des caprices pour des habits, de la nourriture, des choses matérielles.
8- Il ne va s'imposer aucun sacrifice pour venir adorer Dieu. Il veut jouir du monde tout en demeurant chrétien. 1Cor.3 :1-4 ; Jac.3 :13-16
Recommandations : Lisez Eph. 4 :25-29 ; 1Pi.2 :1-5

II. L'Homme dans ses progressions spirituelles
Chrétien sanctifié
1. Il marche selon l'Esprit, par la foi et non par la vue. Ro.8 :9-13 ; 2Co.5 :7
2. Il a un jugement sûr car il procède du St Esprit. 1Co.2 :15
3. Sa vie est livrée au Seigneur. Ep.4 :31
4. Il juge de tout et n'est lui-même jugé par personne. 1Co.2 :15
5. Il hait le péché et il en rougit. Ro.6 :21
6. Il sert Dieu dans le prochain et dans ses frères. 1Co.2.32
   Recommandations : Lisez : 2Ti.2 :22-23 ; 1Th.5 :17

Conclusion
Voici devant vous les trois tableaux : Le premier indique votre état de perdition. Le second indique la situation d'un homme sauvé au travers du feu. Le troisième aura le salut et des couronnes. Après avoir vu ces trois tableaux, quel catégorie reflète le mieux votre état spirituel ?

Questions

1. Comment déterminer l'homme naturel ?
   a. Il est mort selon Dieu
   b. Il agit selon le train de ce monde, selon le prince de la puissance de l'air.
   c. Il vit dans son état de péché.
2. Comment déterminer l'homme charnel ?
   a. Il n'a pas de stabilité émotionnelle.
   b. Il veut jouir du monde tout en demeurant chrétien.
   c. Il est plus rationnel que spirituel.
3. Comment déterminer l'homme spirituel ?
   a. Il hait le péché
   b. Il craint de déplaire à Dieu
   c. Il a un jugement sûr
   d. Il est conduit par le Saint Esprit
4. Peut-on changer de condition ? Oui
5. Qui peut faire les opérations de changement ? Dieu
6. Comment ? Par notre obéissance à sa volonté

Leçons spéciales I   Thanksgiving

Leçon 10

La sensibilité de Dieu à la louange

Textes de préparation : Ps. 22 :4 ; 26 :6-7 ; 33 :1-3 ; 40 :5 ; 150 :1-6 ; Es. 6 :2-3 ; Je.23 :13 ; Mal.2 :2 ; Mt.10 :32-33; Mc.10 **:32-47 ; 1Ti.6 :16**

Texte à lire en classe : Mal.2 : 1-4

Texte d'or : Si vous n'écoutez pas, si vous ne prenez pas à cœur de donner gloire à mon nom, dit l'Eternel des armées, j'enverrai parmi vous la malédiction, et je maudirai vos bénédictions. Mal. 2 :2

Introduction

Il n'est pas difficile de parvenir à l'adresse de Dieu si on veut le chercher avec sincérité selon Jérémie 23 :13. David dit qu'il siège au milieu des louanges. Comment le contempler dans cette position ?

I. Dieu vit dans la gloire céleste.
1. Il habite une lumière inaccessible que nul homme n'a vu ni ne peut voir. 1Ti.6 :16
2. Il siège au milieu des louanges : Ps.22 :4
3. Les séraphins sont affectés à lui donner gloire continuellement. Es.6 :2-3

II. Dieu attend que la création entière le loue.
1. Il attend la louange des hommes droits. Ps.33 :1
2. Il attend une innovation dans nos louanges car ses merveilles envers nous sont si nombreuses qu'on a de la peine à les énumérer. Ps.33 :3 ; 40 :5
3. Il attend la louange pour ce qu'il est, pour ce qu'il a fait et pour ce qu'il va faire. Voila pourquoi Jésus le loue avant même de procéder a la résurrection de Lazare. Vous devez donc ouvrir les yeux pour voir ses merveilles et en parler. Ps.26 :6-7 ; Jn.11 :41-42
4. Il tient à ce que tout ce qui respire le loue. (les hommes, les plantes et les animaux) Ps.150 :6

III. Conséquences de la louange
1. Dieu bénit les adorateurs. Mal.2 :2
2. Il opère des miracles en leur faveur. Barthimée obtint une guérison miraculeuse pour avoir élevé l'humble Jésus de Nazareth au rang de Fils du roi David. Mc.10 :47
3. Dieu décide de maudire tous les réfractaires à la louange. Mal.2 :2
4. Jésus dit qu'il sera gêné de les présenter devant son Père. Mat.10 :32-33

Chaque jour, chaque évènement, chaque opportunité étaient pour David une occasion de louange. Je bénirai l'Eternel en tout temps et sa louange sera toujours dans ma bouche. Ps.34:2 Il ne pourra être ainsi si vous ne faites pas confiance à Dieu.

Conclusion
Louez l'Eternel et célébrez chaque jour ses bienfaits.

Questions
1. Où habite Dieu ? Dans une lumière inaccessible
2. Qui dans le ciel le loue jour et nuit ? les séraphins
3. De qui attend t-il la louange ? Des hommes droits
4. Comment Dieu répond t-il à la louange ?
   Par des bénédictions
5. Citez le nom de quelqu'un qui l'exalte
   Dans l'Ancien Testament. David
   Dans le Nouveau Testament. Barthimée
6. Que fera t-il a ceux qui refusent de le louer ?
   Il les maudira.

Fête de la Bible

Leçon 11 Jésus, le Dieu Admirable

Textes pour la préparation : Es.9 :5 ; Mt.8 :17 ; 28 :19-20 ; Mc.5 :20 ;8 :22-26 ; Lu.1 :35 ; 18 :8 ; 24 :7 ; Jn.2 :1-9 ; 6 :15 ; 7 :46 ; 14 :1-27 ; 19 :6 ; He.4 :14 ; Ap.1 :8 ;5 :4-5 ;
Texte à lire en classe : Es.9 :1-5
Texte d'or : Car un enfant nous est né, un fils nous est donné, et la domination reposera sur son épaule. On l'appellera Admirable, Conseiller, Dieu Puissant, Père Eternel, Prince De La Paix. Es.9 :5
Méthodes : Discours, comparaisons, questions
But : Montrer la manifestation du Dieu fait homme pour sauver les hommes.

I. Dans les sciences
  A. Il est un spécialiste en sciences humaines
  1. En chimie. Il change l'eau en vin. Jn.2 : 9
  2. En biologie. Il est né en dehors d'une conception normale. Lu.1 :35
  3. En physique. Il défie la loi de la gravité quand il descend du ciel sans parachute et y remonte sans vaisseau spatial. He.4 :14
  4. En économie, il désapprouve la loi de la diminution des ressources en nourrissant 5000 hommes sans

compter les femmes et les enfants avec seulement cinq pains et deux poissons.
Jn.6: 10
5. En médecine. Il guérit le malade et l'aveugle sans leur administrer même une dose de médicament. Mc.8 :22-26
6. En politique
Dans le gouvernement. On dit de lui qu'il est admirable, conseiller, Dieu-puissant, Père Eternel, Prince de la Paix. Es.9 :5 ; Mc.5 ; 20 ; Jn.7 :46 ; Jn.14 :9, 27
B. En théologie.
Il déclare " nul ne vient au Père que par moi. Jn.14 :6

II. En histoire. Il est le commencement et la fin. Ap. 1 : 8
Il est digne. Ap.5 :4-5. Il pourvoit à tous nos besoins. Jn.14 :14 Il est le plus grand homme de l'histoire.

III. Dans les relations humaines
1. On l'appelle maitre. Et pourtant, Il n'avait pas de serviteurs. Lu.18 :18
2. On l'appelle professeur. Et pourtant, Il n'avait pas aucun degré universitaire.
3. On le reconnait comme médecin. Il ne prescrit jamais de médicaments. Mt.8 :17
4. On le reconnait comme champion avec un nom au dessus de tout nom. Il ne conduisait pas une armée et pourtant il a conquis le monde. Mt.28 :19-20
5. On le reconnait comme innocent. Et pourtant il fut crucifié comme un vil malfaiteur. Jn.19 :6

6. On le reconnait comme le charpentier. Là, il garde encore ce titre car il bâtit des demeures dans la maison de son Père pour tous les rachetés. Jn.14 :3
7. Il était parfaitement homme. A sa mort, Il fut inhumé dans une tombe et pourtant il vit encore parce qu'il est parfaitement Dieu. Lu.24 :7 ; Col.2 :9

Conclusion
Si vous tenez à savoir plus de lui, ouvrez la bible et ouvrez votre cœur.

Questions

1. Comment le prophète Esaie l'appelle t-il ?
   Admirable, Conseiller, Dieu Puissant, Père Eternel, Prince De La Paix.
2. Présentez 5 maitrises de Jésus-Christ
   Spécialiste en chimie, en économie, en médecine, en physique, en éducation
3. Pourquoi fut-il tué ? Pour nos péchés.
4. Devinez où Jésus a fait ses études universitaires.
   Il est Dieu. Toutes choses prennent leur source et leur fin en lui.
5. Où pouvons-nous le mieux nous renseigner sur sa personne ? Dans la Bible.

Leçon 12 L'humilité de Marie

Textes de préparation : Lu.1 :26-56 ; 2 :21-52 ; Jn.2 :1-12 ; 19 :25-47 ; Ac.1 :1-14
Texte à lire en classe : Lu.1 :46-56
Texte d'or : Et mon esprit se réjouit en Dieu, mon Sauveur, parce qu'il a jeté les yeux sur la bassesse de sa servante. Lu.1 :47-48a
Méthodes : Discours, comparaisons, questions
But : Montrer les vertus d'une femme qui avait maintes raisons pour être orgueilleuse.

Introduction
Quelle qualité louable !... Si toutes les femmes l'avaient, on aurait eu peu ou pas de divorce, et le paradis serait sur terre! Marie était humble. Cette vertu transparait dans sa conduite en plusieurs occasions :
1. Dans l'annonciation.
   Elle ne discutait pas avec l'ange envoyé pour l'annoncer que le ciel a fait choix d'elle pour être la mère du Seigneur. Elle voulait simplement savoir le bien fondé de son annonce en vue de se soumettre à la volonté de Dieu. Ce qu'elle a fait d'ailleurs lorsqu'elle dit : « Je suis la servante du Seigneur ; qu'il me soit fait selon ta parole. » Lu.1 :37

2. Dans sa conversion.
   Elle reconnait Jésus comme son Sauveur et n'a jamais revendiqué le titre de mère de Dieu, ni Joseph de père de Dieu aussi. Lu.1 :47

3. Dans ses couches.
   La naissance du Seigneur a lieu dans le lieu le plus humble, dans une étable. Et Marie ne s'en plaignit pas à Joseph et à personne d'autre. Lu.2 :7

4. Dans le respect de la vocation de son Fils.
   Quand elle cherchait Jésus pendant 3 jours après la fête de Pâques, à Jérusalem, elle était en droit de lui demander la raison de son comportement. Jésus lui disait : « Ne saviez-vous pas qu'il faut que je m'occupe des affaires de mon Père ? » Marie n'a pas répliqué. Lu.2 : 49

5. Dans sa soumission à la décision de son Fils.
   Aux noces de Cana, en Galilée, Marie, voyant que le vin manqua, en avertit Jésus à l'instant. Au lieu de lui obéir, Jésus lui a répondu d'un ton cassant : « Femme, qu'y a-t-il entre toi et moi, mon heure n'est pas encore venue ». Au lieu d'en faire un drame, Marie s'adresse plutôt aux serviteurs en leur disant : « Faites ce qu'il vous dira ». Elle croyait à une réponse qui devait venir. Elle s'était abstenue d'entamer une discussion qui aurait pu tout compromettre.
   Jn.2 : 6

6. Dans son dévouement silencieux aux pieds de la croix. Marie était là pour entendre silencieusement les dernières paroles de son fils. Elle était touchée par toutes les injures dont notre Sauveur s'abreuvait. Cependant, elle évitait d'aggraver la situation en répondant aux moqueurs.
Jn. 19 :25-27

7. Dans la compagnie des disciples de son fils.
On la voyait à la chambre haute dans les 10 jours avant la pentecôte, non pas comme la pastoresse des apôtres mais comme une fidèle servante du Seigneur. Ac.1 :14

Conclusion
Quelle femme modèle ! Quelle mère, Quelle épouse et quelle membre d'église! Faites comme elle. Restez dans vos limites et laissez à Dieu le soin de vous élever.

Questions

1. Qui annonçait à Marie sa conception virginale ? Un ange
2. Comment accepta t-elle cette nouvelle ? Avec humilité
3. Prouvez l'humilité de Marie : Dans l'annonciation, dans sa conversion, dans ses couches, dans les relations avec son fils, dans son dévouement de mère, dans sa persévérance de membre d'église
4. Quelle est la qualité qui préserve les mariages du divorce ? L'humilité
5. Vrai ou faux
   a. Joseph était l'époux de Marie. ___ V ___ F
   b. Marie était vierge après la naissance de Jésus _ V _ F
   c. Marie était vierge après la naissance des autres enfants _ V _ F
   d. Jésus voulut manquer de respect à Marie. _ V _ F
   e. Marie luttait avec les bourreaux pour réclamer le corps de Jésus. _ V _ F
   f. A la naissance de Jésus, Hérode envoya une carte félicitation à Marie._ V _F

Récapitulation des versets pour le trimestre

Leçon 1 Le concept de l'homme   Ge.1 :26
Puis Dieu dit : Faisons l'homme à notre image, selon notre ressemblance, et qu'il domine sur les poissons de la mer, sur les oiseaux du ciel, sur le bétail, sur toute la terre, et sur tous les reptiles qui rampent sur la terre.

Leçon 2 Le concept du salut   Jc.4 :5
Croyez-vous que l'Ecriture parle en vain ? C'est avec jalousie que Dieu chérit l'Esprit qu'il a fait habiter en nous.

Leçon 3 Un salut au mode conditionnel présent   Jn.3 :16
Car Dieu a tant aimé le monde qu'il a donné son Fils unique afin que quiconque croit en lui ne périsse point mais qu'il ait la vie éternelle.

Leçon 4 Le chrétien, un citoyen de la Cité Céleste. Ep. 2 :13
Mais maintenant, en Jésus-Christ, vous qui étiez jadis éloignés, vous avez été rapprochés par le sang de Christ.

Leçon 5 Quelle est la place des œuvres dans le salut Ep.2 :8-9
Car c'est par la grâce que vous êtes sauvés, par le moyen de la foi. Et cela ne vient pas de vous, c'est un don de Dieu. Ce n'est point par les œuvres afin que personne ne se glorifie.

Leçon 6 La certitude du salut   Jn.10: 28
Je leur donne la vie éternelle et elles ne périront jamais, et personne ne les ravira de ma main.

Leçon 7 Qu'arrive-t-il si je commets un péché grave ? 1Co.3 :15
Si l'œuvre de quelqu'un est consumée, il perdra sa récompense ; pour lui, il sera sauvé, mais comme au travers du feu.

Leçon 8 Le péché contre le Saint Esprit.   Mt.12 : 32
Quiconque parlera contre le Fils de l'homme, il lui sera pardonné ; mais quiconque parlera contre le Saint –Esprit, il ne lui sera pardonné ni dans ce siècle ni dans le siècle à venir.

Leçon 9 Les 3 stades de pécheurs face au salut. 1Co. 2 : 12
Or nous n'avons pas reçu l'esprit du monde, mais l'Esprit qui vient de Dieu, afin que nous connaissions les choses que Dieu nous a données par sa grâce.

Leçon 10 La sensibilité de Dieu à la louange.   Mal.2:2
Si vous n'écoutez pas, si vous ne prenez pas à cœur de donner gloire à mon nom, dit l'Eternel des armées, j'enverrai parmi vous la malédiction et je maudirai vos bénédictions.

Leçon 11 Jésus, le Dieu Admirable Es.9 :5
Car une enfant nous est né, un fils nous est donné, et la domination reposera sur son épaule. On l'appellera Admirable, Conseiller, Dieu Puissant, Père Eternel, Prince De La Paix.

Leçon 12 L'humilité de Marie Lu.1 :47-48a
Et mon esprit se réjouit en Dieu, mon Sauveur, parce qu'il a jeté les yeux sur la bassesse de sa servante.

Table des matières

SÉRIE 1 – CONDUIT PAR L'ESPRIT 2
LEÇON 1 L'ESPRIT SAINT DANS SES OPERATIONS
SOUVERAINES 5
LEÇON 2 LE SAINT-ESPRIT A L'ŒUVRE DANS LA GRANDE
COMMISSION 9
LEÇON 3 LE SAINT ESPRIT DANS LA VIE DU CHRETIEN 12
LEÇON 4 DES HOMMES CONDUITS PAR L'ESPRIT 16
LEÇON 5 L'ESPRIT VOUS CONVAINC DE PECHE 19
LEÇON 6 JESUS ET LA CONVOITISE DE LA CHAIR 23
LEÇON 7 JESUS ET LA CONVOITISE DES YEUX............ 27
LEÇON 8 JESUS ET L'ORGUEIL DE LA VIE 31
LEÇON 9 L'ESPRIT VOUS CONDUIT DANS TOUTE LA VERITE 35
LEÇON 10 PRIVILEGES DU CROYANT CONDUIT PAR
L'ESPRIT SAINT 40
LEÇON 11 IDENTIFICATION DU CROYANT CONDUIT PAR
L'ESPRIT SAINT 44
LEÇON 12 LES DISCIPLES D'EMMAÜS DESABUSES. 48
RÉCAPITULATION DES VERSETS POUR LE TRIMESTRE......... 53

SERIE 2 - JONAS, LE MISSIONNAIRE DELINQUANT 56
LEÇON 1 L'EVANGILE AU PORT DE JOPPE 57
LEÇON 2 L'EVANGILE VERS TARSIS 60
LEÇON 3 L'EVANGILE AU FOND DU NAVIRE............ 64
LEÇON 4 L'EVANGILE AU FOND DE LA MER 68
LEÇON 5 LE MISSIONNAIRE A LA MERCI DES FLOTS 72
LEÇON 6 L'EVANGILE DANS LE VENTRE DU POISSON 76
LEÇON 7 PRIERE DU PRISONNIER DANS SA CELLULE......... 80
LEÇON 8 L'EVANGILE SUR SA BASE INITIALE DE
LANCEMENT 85
LEÇON 9 L'EVANGILE ET L'OBSTINATION DU PROPHÈTE 89
LEÇON 10 JONAS ET SIMON FILS DE JONAS 93
LEÇON 11 L'EVANGILE DANS LA BARQUE UNIVERSELLE..... 96

RECAPITULATION DES VERSETS POUR LE TRIMESTRE 105

SERIE 3 - LES HÉROS D'IRAQ 109
LEÇON1 LES HEROS D'IRAQ A LA COUR DU ROI
NEBUCADNETSAR 110
LEÇON 2 LES HEROS D'IRAQ ET LEUR VIE DE PENSION 113
LEÇON 5 LES HEROS D'IRAQ EN LIBERTE PROVISOIRE 122
LEÇON 6 LE SONGE DU ROI REVELE ET EXPLIQUE 126
LEÇON 9 LA DEFAITE DU ROI NEBUCADNETSAR. 140
LEÇON 10 LA SOUMISSION DU ROI NEBUCADNETSAR 143
RECAPITULATION DES VERSETS POUR LE TRIMESTRE 156

SERIE 4 - SECURITE ETERNELLE DU CROYANT 163
LEÇON 1 LE CONCEPT DE L'HOMME 164
LEÇON 3 UN SALUT AU MODE CONDITIONNEL PRESENT .. 173
LEÇON 4 LE CHRETIEN, UN CITOYEN DE LA CITE CELESTE . 176
LEÇON 5 QUELLE EST LA PLACE DES ŒUVRES DANS
LE SALUT 180
LEÇON 6 LA CERTITUDE DU SALUT 184
LEÇON 7 QU'ARRIVERA-T-IL SI JE COMMETS UN PECHE
GRAVE ? 188
LEÇON 8 LE PECHE CONTRE LE SAINT ESPRIT 192
LEÇON 9 LES 3 STADES DE PECHEURS FACE AU SALUT 197
LEÇON 10 LA SENSIBILITE DE DIEU A LA LOUANGE 202
LEÇON 11 JESUS, LE DIEU ADMIRABLE............................. 205
LEÇON 12 L'HUMILITE DE MARIE 208
RECAPITULATION DES VERSETS POUR LE TRIMESTRE 212

Rev. Renaut Pierre-Louis

Esquisse Biographique

Pasteur de l'Eglise Baptiste à Saint Raphael,	1969
Diplômé du Séminaire théologique Baptiste d'Haïti,	1970
Diplômé de l'Ecole de Commerce Julien Craan,	1972
Professeur de langues vivantes au Collège Pratique du Nord au Cap-Haitien,	1972
Pasteur de la Première Eglise Baptiste au Cap-Haitien	1972
Pasteur de l'Eglise Baptiste Redford, Cité Sainte Philomène	1976
Diplômé de l'Ecole de Droit du Cap-Haitien,	1979
Fondateur du Collège Redford et de l'Ecole Professionnelle ESVOTEC,	1980
Pasteur de l'Eglise Baptiste Emmaüs à Fort Lauderdale	1994
Pasteur de l'Eglise Baptiste Péniel à Fort Lauderdale	1996

Pasteur militant pendant quarante-six ans, avocat, poète, écrivain, dramaturge, Ce serviteur du Seigneur vous revient aujourd'hui avec **"La Torche Eblouissante"**, un ouvrage didactique de haute portée théologique qui a déjà révolutionné le système d'enseignement dans nos Écoles Du Dimanche, et dans la présentation du message de l'Evangile.

"La Torche Eblouissante" vous est aussi présentée en livret trimestriel sans nous écarter de notre promesse de vous enrichir avec douze volumes empreints de variété et de profondeur.
Pasteurs de recherche, prédicateurs de réveil, moniteurs de carrière, chrétiens éveillés, prenez "La Torche" et passez-la.
2 Tim. 2:2

www.ingramcontent.com/pod-product-compliance
Lightning Source LLC
Chambersburg PA
CBHW071611080526
44588CB00010B/1095